李海波工作室

新编
会计学原理
——基础会计习题集(第20版)

主编 ● 李海波　蒋 瑛

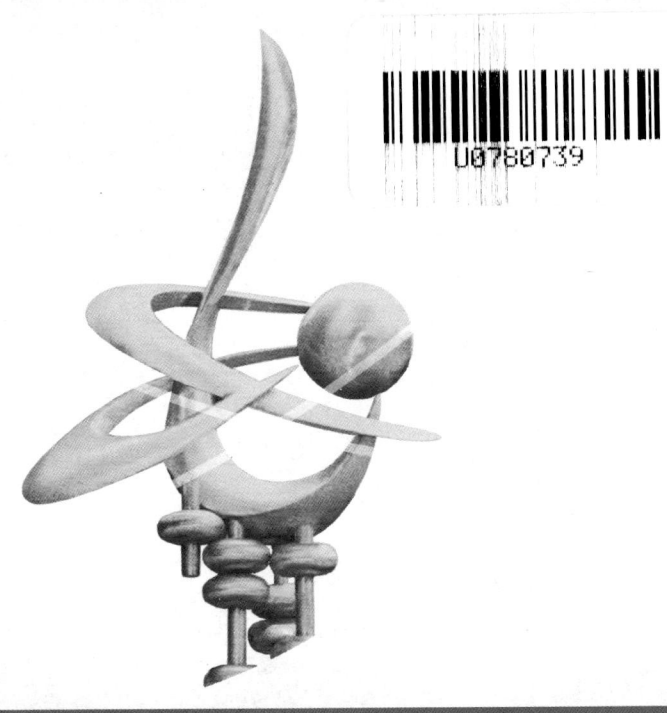

立信会计出版社
LIXIN ACCOUNTING PUBLISHING HOUSE

图书在版编目(CIP)数据

新编会计学原理：基础会计习题集／李海波,蒋瑛主编．—20版．—上海：立信会计出版社,2019.8(2023.7重印)

ISBN 978-7-5429-6249-2

Ⅰ.①新… Ⅱ.①李…②蒋… Ⅲ.①会计学—习题集 Ⅳ.①F230-44

中国版本图书馆CIP数据核字(2019)第157004号

责任编辑　余　榕
助理编辑　崔姝然

新编会计学原理——基础会计习题集（第20版）
XINBIAN KUAIJIXUE YUANLI JICHU KUAIJI XITIJI

出版发行	立信会计出版社			
地　　址	上海市中山西路2230号	邮政编码	200235	
电　　话	(021)64411389	传　　真	(021)64411325	
网　　址	www.lixinaph.com	电子邮箱	lixinaph2019@126.com	
网上书店	http://lixin.jd.com	http://lxkjcbs.tmall.com		
经　　销	各地新华书店			
印　　刷	浙江临安曙光印务有限公司			
开　　本	880毫米×1230毫米	1/32		
印　　张	8.5			
字　　数	226千字			
版　　次	2019年8月第20版			
印　　次	2023年7月第5次			
书　　号	ISBN 978-7-5429-6249-2/F			
定　　价	28.00元			

如有印订差错,请与本社联系调换

前　言

《新编会计学原理——基础会计》是一本内容新颖、富有特色、实用性强的规范化教材,自出版以来,受到广大读者的普遍欢迎,并获得有关专家、理论和教育工作者的好评,在全国各省、市、自治区发行,连续再版并印刷数十次,荣获中国书刊发行业协会"全国优秀畅销书排行榜"金杯奖。本教材第20版是在前一版的基础上,按照财政部最新修订的企业会计体系和最新的税收法规等进行的再次修改,符合我国新会计制度、财税制度,以及与国际接轨的要求,适合各类院校和职业技术教育、岗位培训、自学进修、专业技术资格考试等使用。

本教材是《新编会计学原理——基础会计(第20版)》(李海波、蒋瑛主编)一书的配套教学用书。本教材的PPT课件可在立信会计出版社的网上免费下载,网址:www.Lixinaph.com。

参加本教材编写的人员有李海波、蒋瑛、张翠琼。

为了帮助读者加深对会计学基本原理的理解,提高分析和思考能力,增强实务操作技能,本教材根据《新编会计学原理——基础会计》的修订内容多次进行修改,增添了新的内容,包括填空题、单项选择题、多项选择题、判断并改错题、名词解释、简答题、论述题、业务计算题、模拟试题和参考答案等内容,可以更好地满足教学的需要。

本教材难免存在不足之处,敬请读者批评指正。

《新编会计学原理——基础会计》编委会

目 录

第一部分 练 习 题

一、总论 ··· 3
　填空题 ··· 3
　单项选择题 ·· 3
　多项选择题 ·· 4
　判断并改错题 ··· 5
　名词解释 ··· 6
　简答题 ··· 6
　论述题 ··· 6

二、会计科目、会计账户和复式记账 ················· 7
　填空题 ··· 7
　单项选择题 ·· 7
　多项选择题 ·· 8
　判断并改错题 ··· 10
　名词解释 ··· 10
　简答题 ··· 10
　论述题 ··· 11
　业务计算题 ··· 11

三、生产企业的生产经营过程核算 ···················· 25
　填空题 ··· 25
　单项选择题 ·· 25

多项选择题	27
判断并改错题	28
名词解释	29
简答题	29
论述题	30
业务计算题	30

四、商品流通企业主要经营过程核算 …… 41

填空题	41
单项选择题	41
多项选择题	42
判断并改错题	43
名词解释	44
简答题	44
论述题	44
业务计算题	45

五、企业会计账户分类 …… 49

填空题	49
单项选择题	49
多项选择题	50
判断并改错题	51
名词解释	52
简答题	52
论述题	52
业务计算题	53

六、会计凭证 …… 55

填空题	55
单项选择题	55
多项选择题	56

判断并改错题 ··· 57
　　名词解释 ··· 58
　　简答题 ··· 58
　　论述题 ··· 58
　　业务计算题 ··· 59

七、会计账簿 62
　　填空题 ··· 62
　　单项选择题 ··· 62
　　多项选择题 ··· 63
　　判断并改错题 ··· 64
　　名词解释 ··· 65
　　简答题 ··· 65
　　论述题 ··· 65
　　业务计算题 ··· 65

八、账务处理程序 71
　　填空题 ··· 71
　　单项选择题 ··· 71
　　多项选择题 ··· 72
　　判断并改错题 ··· 74
　　名词解释 ··· 74
　　简答题 ··· 74
　　论述题 ··· 75
　　业务计算题 ··· 75

九、财产清查 80
　　填空题 ··· 80
　　单项选择题 ··· 80
　　多项选择题 ··· 81
　　判断并改错题 ··· 82

  名词解释 ·· 83
  简答题 ·· 83
  论述题 ·· 83
  业务计算题 ·· 83

十、财务会计报告 ·· 87
  填空题 ·· 87
  单项选择题 ·· 87
  多项选择题 ·· 89
  判断并改错题 ·· 90
  名词解释 ·· 90
  简答题 ·· 90
  论述题 ·· 91
  业务计算题 ·· 91

十一、会计管理 ·· 96
  填空题 ·· 96
  单项选择题 ·· 96
  多项选择题 ·· 97
  判断并改错题 ·· 98
  名词解释 ·· 99
  简答题 ·· 99
  论述题 ·· 99

十二、模拟试题 ·· 100

第二部分 参 考 答 案

一、总论 ·· 121
  填空题 ·· 121
  单项选择题 ·· 121

多项选择题……………………………………………… 121
　　判断并改错题…………………………………………… 121
　　名词解释………………………………………………… 122
　　简答题…………………………………………………… 122
　　论述题(解答提示)……………………………………… 123
二、会计科目、会计账户和复式记账………………………… 125
　　填空题…………………………………………………… 125
　　单项选择题……………………………………………… 125
　　多项选择题……………………………………………… 125
　　判断并改错题…………………………………………… 125
　　名词解释………………………………………………… 126
　　简答题…………………………………………………… 126
　　论述题(解答提示)……………………………………… 127
　　业务计算题……………………………………………… 127
三、生产企业的生产经营过程核算…………………………… 142
　　填空题…………………………………………………… 142
　　单项选择题……………………………………………… 142
　　多项选择题……………………………………………… 142
　　判断并改错题…………………………………………… 142
　　名词解释………………………………………………… 143
　　简答题…………………………………………………… 144
　　论述题(解答提示)……………………………………… 145
　　业务计算题……………………………………………… 146
四、商品流通企业主要经营过程核算………………………… 166
　　填空题…………………………………………………… 166
　　单项选择题……………………………………………… 166
　　多项选择题……………………………………………… 166
　　判断并改错题…………………………………………… 166

名词解释…………………………………………………… 167
　　简答题……………………………………………………… 167
　　论述题(解答提示)………………………………………… 168
　　业务计算题………………………………………………… 169
五、企业会计账户分类…………………………………… 177
　　填空题……………………………………………………… 177
　　单项选择题………………………………………………… 177
　　多项选择题………………………………………………… 177
　　判断并改错题……………………………………………… 177
　　名词解释…………………………………………………… 178
　　简答题……………………………………………………… 178
　　论述题(解答提示)………………………………………… 179
　　业务计算题………………………………………………… 180
六、会计凭证……………………………………………… 183
　　填空题……………………………………………………… 183
　　单项选择题………………………………………………… 183
　　多项选择题………………………………………………… 183
　　判断并改错题……………………………………………… 183
　　名词解释…………………………………………………… 184
　　简答题……………………………………………………… 184
　　论述题(解答提示)………………………………………… 185
　　业务计算题………………………………………………… 186
七、会计账簿……………………………………………… 194
　　填空题……………………………………………………… 194
　　单项选择题………………………………………………… 194
　　多项选择题………………………………………………… 194
　　判断并改错题……………………………………………… 194
　　名词解释…………………………………………………… 195

简答题 ································· 195
　　论述题(解答提示) ···················· 196
　　业务计算题 ···························· 197

八、账务处理程序 ···················· 203
　　填空题 ································· 203
　　单项选择题 ···························· 203
　　多项选择题 ···························· 203
　　判断并改错题 ·························· 203
　　名词解释 ······························ 204
　　简答题 ································· 204
　　论述题(解答提示) ···················· 206
　　业务计算题 ···························· 206

九、财产清查 ·························· 220
　　填空题 ································· 220
　　单项选择题 ···························· 220
　　多项选择题 ···························· 220
　　判断并改错题 ·························· 220
　　名词解释 ······························ 221
　　简答题 ································· 221
　　论述题(解答提示) ···················· 222
　　业务计算题 ···························· 223

十、财务会计报告 ···················· 227
　　填空题 ································· 227
　　单项选择题 ···························· 227
　　多项选择题 ···························· 227
　　判断并改错题 ·························· 227
　　名词解释 ······························ 228
　　简答题 ································· 228

论述题(解答提示)…………………………………	229
业务计算题………………………………………	230

十一、会计管理 …………………………… 236

填空题……………………………………………	236
单项选择题………………………………………	236
多项选择题………………………………………	236
判断并改错题……………………………………	236
名词解释…………………………………………	237
简答题……………………………………………	237
论述题(解答提示)………………………………	238

十二、模拟试题 …………………………… 240

第一部分

练习题

一、总　　论

填　空　题

1. 会计的基本职能是_____和_____。
2. 企业会计对象的具体内容是_____。
3. 会计机构组织形式有_____、_____和_____三种。
4. 会计方法包括_____、_____和_____。
5. 会计法规从法律来源上划分为_____、_____和_____。
6. 《会计法》规定"不得以虚假的_____或者_____进行会计核算"。
7. 会计人员对_____、_____的原始凭证应不予受理。
8. 会计核算的各种方法是_____、_____的完整体系。

单项选择题

1. 会计的基本前提包括会计主体、_____、会计期间和货币计量四个方面的内容。
   A. 实际成本　　　　　B. 经济核算
   C. 持续经营　　　　　D. 会计准则
2. 会计的基本职能是_____。
   A. 核算和监督　　　　B. 预测和决策
   C. 监督和分析　　　　D. 反映和核算
3. 各单位内部监督的主体是_____。
   A. 会计机构和会计人员　　B. 经济活动
   C. 会计机构和业务人员　　D. 会计机构
4. 企业应当采用一致的会计政策,前后各期应当保持一致,是对会计信息质量要求的_____原则。

A. 一贯性 B. 相关性
C. 重要性 D. 可比性

5. 下列规定中，属于会计机构内部控制制度的是_____。

    A. 钱账物分管 B. 账账、账实核对
    C. 经办与审批分管 D. 会计与出纳分管

6. 会计核算应以实际发生的交易或事项为依据，如实反映企业财务状况，是会计信息质量_____的要求。

    A. 实质重于形式 B. 明晰性
    C. 可靠性 D. 谨慎性

7. 计提坏账准备的做法体现了_____的会计信息质量要求。

    A. 一贯性 B. 谨慎性
    C. 配比性 D. 相关性

8. 费用是指企业在日常活动中发生的、与向所有者分配利润无关的、会导致所有者权益减少的_____。

    A. 经济利益的总流出 B. 生产费用
    C. 财力耗费 D. 经济损失

多项选择题

1. 下列各项中，属于会计监督主体的有_____。

    A. 本单位负责人 B. 会计机构
    C. 本单位经济活动 D. 财税部门
    E. 会计人员 F. 上级主管部门

2. 生产企业的资金循环形态有_____。

    A. 货币资金 B. 流通资金
    C. 生产资金 D. 储备资金
    E. 成品资金 F. 商品资金

3. 会计方法包括_____等方法。

    A. 会计核算 B. 会计决策
    C. 会计信息 D. 会计分析

E. 会计检查　　　　　　F. 会计预测
4. 会计的新职能主要有_____。
　　A. 控制　　　　　　　　B. 分析
　　C. 核算　　　　　　　　D. 监督
　　E. 预测　　　　　　　　F. 决策
5. 下列各项中,属于资产类的有_____。
　　A. 流动资产　　　　　　B. 利润留成
　　C. 固定资产　　　　　　D. 无形资产
　　E. 借入款项　　　　　　F. 其他资产
6. 企业会计制度的"总则"部分应包括的内容有_____等。
　　A. 会计制度制定依据　　B. 会计制度实施范围
　　C. 会计基本前提　　　　D. 会计核算程序
　　E. 会计信息质量要求　　F. 财务会计报告格式
7. 下列各项中,属于会计信息质量要求的有_____。
　　A. 可靠性　　　　　　　B. 相关性
　　C. 完整性　　　　　　　D. 可比性
　　E. 重要性　　　　　　　F. 连续性
8. 下列方法中,属于会计核算专门方法的有_____。
　　A. 登记账簿　　　　　　B. 成本计算
　　C. 复式记账　　　　　　D. 监督检查
　　E. 预测决策　　　　　　F. 财产清查

判断并改错题

1. 会计基本前提包括会计主体、货币计量、资料完整和经济效益。
　　　　　　　　　　　　　　　　　　　　　　　　　　(　　)
2. 我国《会计法》规定,所有企业都必须设置总会计师。　(　　)
3. "资产＝负债＋所有者权益"这个平衡公式是企业资金运动的动态表现。　　　　　　　　　　　　　　　　　　　　(　　)
4. 会计核算的各种专门方法在会计核算过程中应单独运用,互不

相干。（   ）

5. 会计核算是会计工作的基本环节,其主要内容是反映和监督。（   ）

6. 会计处理的方法应始终保持前后期一致,不得随意变更,这是会计信息质量要求中的可比性要求。（   ）

7. 会计主体应该是独立核算的经济实体。（   ）

8. 企业的会计核算应以权责发生制为基础,按实际发生的收入和支出确认企业的收益和支出。（   ）

名 词 解 释

1. 会计对象　　　　　2. 集中核算
3. 会计准则　　　　　4. 会计法规
5. 谨慎性　　　　　　6. 及时性
7. 历史成本　　　　　8. 四柱结算法

简 答 题

1. 会计的特点是什么?
2. 会计的职能是什么? 会计的基本职能是什么?
3. 会计基本前提的主要内容是什么?
4. 会计信息质量要求包括哪几个方面?
5. 会计核算的方法有哪几种?
6. 什么是制定企业会计制度的基本原则?
7. 会计人员的素质包括哪几个方面?

论 述 题

1. 什么是会计? 为什么说它是一种经济管理活动?
2. 会计的对象是什么? 为什么说会计对象是社会再生产过程中的资金运动?

二、会计科目、会计账户和复式记账

填 空 题

1. 总分类账与明细分类账的平行登记可以概括为_____、_____、_____。
2. 借贷记账法的记账规则是_____、_____。
3. 会计科目按其提供核算指标的详细程度分为_____和_____。
4. 复式记账法是对每一项交易或事项所引起的_____,都要用_____同时在_____或_____有_____的账户中进行全面登记的一种记账方法。
5. 借贷记账法的试算平衡公式有_____、_____两种。
6. 会计制度改革前,我国采用的复式记账法有_____、_____和_____三种。
7. 借贷记账法的理论依据是_____。
8. _____是对会计对象的具体内容进行分类核算的类目。
9. 会计要素由_____、_____、_____、_____、_____和_____六项构成。

单项选择题

1. 账户是根据_____开设的,用来连续、系统地记载各项经济业务的一种手段。

   A. 会计凭证   B. 会计对象
   C. 会计科目   D. 财务指标

2. 在借贷记账法中,账户的哪一方记增加数,哪一方记减少数,是由_____决定的。

A. 记账规则 B. 账户性质

C. 业务性质 D. 账户结构

3. 复式记账法的基本理论依据是_____的平衡原理。

   A. 资产＝负债＋所有者权益

   B. 收入－费用＝利润

   C. 期初余额＋本期增加数－本期减少数＝期末余额

   D. 借方发生额＝贷方发生额

4. 借贷记账法的双重性质账户,其性质应根据_____来决定。

   A. 期初余额 B. 借方发生额

   C. 贷方发生额 D. 期末余额

5. 会计科目是对_____的具体内容进行分类核算的项目。

   A. 经济业务 B. 会计账户

   C. 会计分录 D. 会计对象

6. 复式记账法是对每一笔交易或者事项,都以相等的金额在_____登记。

   A. 一个账户 B. 两个账户

   C. 一个或两个账户 D. 两个或两个以上账户

7. 下列账户中,与负债类账户结构相同的是_____类账户。

   A. 资产 B. 成本

   C. 费用 D. 所有者权益

8. 简单会计分录是指_____的会计分录。

   A. 一借多贷 B. 一借一贷

   C. 一贷多借 D. 多借多贷

多项选择题

1. 下列账户中,与资产类账户结构相反的有_____类账户。

   A. 负债 B. 费用

   C. 收入 D. 支出

   E. 成本 F. 所有者权益

2. 按借贷记账法的要求,下列会计事项中,登记在贷方的有_____。
   A. 资产增加　　　　　B. 负债增加
   C. 费用增加　　　　　D. 成本增加
   E. 收入增加　　　　　F. 所有者权益增加

3. 在账户的借方登记增加数的有_____。
   A. 资产　　　　B. 负债　　　　C. 费用
   D. 所有者权益　　E. 成本　　　　F. 收入

4. 下列账户中,属于损益类账户的有"_____"账户。
   A. 所得税费用　　　　B. 投资收益
   C. 制造费用　　　　　D. 生产成本
   E. 管理费用　　　　　F. 补贴收入

5. 下列账户中,属于所有者权益类账户的有"_____"账户。
   A. 长期股权投资　　　B. 实收资本
   C. 资本公积　　　　　D. 盈余公积
   E. 专项应付款　　　　F. 利润分配

6. 企业在购买材料物资交易中所形成的债务,一般应通过"_____"账户进行核算。
   A. 预付账款　　　　　B. 应付账款
   C. 其他应收款　　　　D. 应付票据
   E. 长期应付款　　　　F. 短期借款

7. 下列账户中,属于按权责发生制要求而设置的账户有"_____"。
   A. 固定资产　　　　　B. 应付账款
   C. 长期待摊费用　　　D. 应交税费
   E. 利润分配　　　　　F. 预收账款

8. 下列经济业务中,不影响资产总额的有_____。
   A. 用银行存款购入原材料
   B. 向供货单位赊购商品

C. 从银行提取现金
D. 用现金支付业务部门备用金
E. 用银行存款归还应付账款
F. 用现金支付职工医药费

判断并改错题

1. 会计科目是对会计对象进行分类核算的类目。（ ）
2. 借贷记账法的试算平衡公式分为发生额平衡公式和差额平衡公式两种。（ ）
3. 在借贷记账法下，费用类账户期末一般无余额。（ ）
4. 账户对应关系是指两个账户之间的应借、应贷关系。（ ）
5. 会计科目与会计账户是同义词，两者没有什么区别。（ ）
6. 按现行规定，企业的会计记录必须采用借贷记账法。（ ）
7. 单式记账法是只记一个账户，复式记账法是同时登记两个账户。（ ）
8. 总分类账户期末余额应与所属明细分类账户期末余额合计数相等。（ ）

名词解释

1. 会计科目　　　　　　2. 会计账户
3. 复式记账法　　　　　4. 账户对应关系
5. 试算平衡　　　　　　6. 记账方法
7. 单式记账法　　　　　8. 会计分录

简答题

1. 会计科目主要分为哪几类？
2. 什么是复式借贷记账法？
3. 简述借贷记账法的基本内容。
4. 什么是借贷记账法的试算平衡？
5. 简述总分类账户与明细分类账户的平行登记。
6. 什么是对应关系和对应账户？

7. 什么是资产？

8. 什么是负债？

论 述 题

1. 为什么既要设置会计科目，又要设置会计账户？会计科目和会计账户有何区别和联系？

2. 为什么既要设置总分类账户，又要设置明细分类账户？总分类账户与明细分类账户有何关系？

业务计算题

习 题 一

(一) **目的** 练习会计基本等式。

(二) **资料** 某企业月末各项目资料如下：

1. 银行里的存款 120 000 元。

2. 向银行借入的半年期的借款 500 000 元。

3. 出纳处存放的现金 1 500 元。

4. 仓库里存放的原材料 519 000 元。

5. 仓库里存放的产成品 194 000 元。

6. 正在加工中的产品 75 500 元。

7. 应付外单位货款 80 000 元。

8. 向银行借入 2 年期的借款 600 000 元。

9. 房屋及建筑物 420 000 元。

10. 所有者投入资本 7 000 000 元。

11. 机器设备 2 500 000 元。

12. 应收外单位货款 100 000 元。

13. 以前年度尚未分配的利润 750 000 元。

14. 对外单位长期投资 5 000 000 元。

(三) **要求**

1. 判断上列资料中各项目的类别（资产、负债、所有者权益）并将各项目金额一并填入下表。

项　　目	金　　额		
	资　产	负　债	所有者权益
—			
合　　计			

2. 计算表内资产总额、负债总额、所有者权益总额是否符合会计基本等式。

习　题　二

(一) 目的　练习收入、费用和利润的数量关系。

(二) 资料　某公司月内收支情况如下：

1. 本月销货收入 690 000 元，销货进价成本 600 000 元。

2. 支付房租 3 000 元，办公用品费 500 元，煤气、电、水费 1 500 元，工资 28 000 元。

3. 支付运杂费 600 元、包装费 500 元。

4. 支付职工医药费 6 000 元、差旅费 3 000 元。

(三) 要求　计算该公司本月利润额。

习　题　三

(一) 目的　练习资金变化类型。

(二) 资料　某企业发生经济业务如下：

1. 用银行存款购买材料。

2. 用银行存款支付前欠 A 单位货款。

3. 用盈余公积金弥补职工福利费。

4. 向银行借入长期借款，存入银行。

5. 收到所有者投入的设备。

6. 向国外进口设备，款未付。

7. 用银行存款归还长期借款。

8. 企业以固定资产向外单位投资。

9. 用银行借款归还前欠 B 单位货款。

10. 经批准代所有者××以资本金偿还其应付给其他单位欠款。

11. 企业所有者甲代企业归还银行借款,并将其转为投入资本。

12. 将盈余公积金转作资本。

(三) 要求 分析上列各项经济业务的类型,填入下表。

类　　型	经济业务序号
1. 一项资产增加,另一项资产减少	
2. 一项负债增加,另一项负债减少	
3. 一项所有者权益增加,另一项所有者权益减少	
4. 一项资产增加,一项负债增加	
5. 一项资产增加,一项所有者权益增加	
6. 一项资产减少,一项负债减少	
7. 一项资产减少,一项所有者权益减少	
8. 一项负债减少,一项所有者权益增加	
9. 一项负债增加,一项所有者权益减少	

习　题　四

(一) 目的　练习会计基本等式。

(二) 资料

1. 设××企业201×年7月初的资产、负债和所有者权益情况如下表所示(单位:元)。

资　　产	金　　额	负债和所有者权益	金　　额
库存现金	1 000	负债:	
银行存款	13 000	短期借款	100 000
应收账款	14 000	应付账款	25 000
其他应收款	2 000	应付职工薪酬	5 000
在途物资	10 000		
生产成本	140 000	所有者权益:	
原材料	50 000	实收资本	500 000
库存商品	70 000	盈余公积	50 000
固定资产	400 000	未分配利润	20 000
合　　计	700 000	合　　计	700 000

2. 7月份内该企业发生下列各项经济业务：

(1) 向甲公司购入原材料一批,计价20 000元,材料验收入库,货款未付。

(2) 生产车间领用材料45 000元投入生产。

(3) 向银行借入短期借款50 000元存入银行。

(4) 以现金暂付职工××出差费1 000元。

(5) 以银行存款偿还前欠甲公司材料款20 000元。

(6) 收到××单位投入资本30 000元存入银行。

(7) 收回乙公司前欠货款12 000元存入银行。

(8) 从银行提取现金1 000元。

(9) 以银行存款购入电子计算机一台,价值20 000元。

(10) 以银行存款支付医院医药费5 000元。

(三) **要求** 将资产、负债和所有者权益各项目的7月初金额和月内增减变化的金额填入下表,同时计算出期末余额和合计数。表式如下(单位:元)。

资 产	期初数	本月增加数	本月减少数	月末余额	负债和所有者权益	期初数	本月增加数	本月减少数	月末余额
库存现金					负债:				
银行存款					短期借款				
应收账款					应付账款				
其他应收款					应付职工薪酬				
在途物资					负债合计				
生产成本					所有者权益:				
原材料					实收资本				
库存商品					盈余公积				
固定资产					未分配利润				
					所有者权益合计				
总　计					总　计				

习 题 五

(一) 目的 分析会计科目并按隶属关系分类。

(二) 资料 某生产企业现用部分会计科目如下:

1. 原材料
2. 短期借款
3. B产品生产成本
4. 应收B公司货款
5. 主要材料
6. 辅助材料
7. 应付丑工厂货款
8. 应付账款
9. 临时借款
10. 固定资产
11. 甲材料
12. 乙材料
13. 生产成本
14. 基本生产成本
15. 润滑油
16. 运输工具
17. 生产用房
18. 生产用固定资产
19. A产品生产成本
20. 机器设备
21. 应收账款
22. 辅助生产成本
23. 应收A单位货款
24. 应付子公司货款
25. 库存商品
26. A种商品
27. 材料采购
28. 甲类商品
29. 财务费用
30. 利息

(三) 要求 在上列科目中分析哪些属于一级科目?哪些属于二级科目?哪些属于三级明细科目?列示于下表(列示方法见举例)。

一级总账科目	二级科目	三级明细科目
原材料	主要材料	甲材料 乙材料

习 题 六

(一) 目的 练习常用会计科目的分类。

(二) 资料

会计科目	资产类	负债类	所有者权益类	成本类	损益类
银行存款					
实收资本					

(续表)

会计科目	资产类	负债类	所有者权益类	成本类	损益类
材料采购					
原材料					
制造费用					
应付账款					
应收账款					
生产成本					
库存商品					
主营业务收入					
主营业务成本					
短期借款					
固定资产					
累计折旧					
库存现金					
财务费用					
长期待摊费用					
利润分配					
盈余公积					
销售费用					
管理费用					

(三) 要求 上列会计科目属于哪一类就将其填入适当栏内（用"√"表示）。

习 题 七

(一) 目的 计算账户中的有关数据。

(二) 资料

单位：元

账 户 名 称	期初余额	本期增加发生额	本期减少发生额	期末余额
银行存款	430 000	1 985 000	2 040 000	?
固定资产	2 400 000	?	496 000	1 920 000
短期借款	?	260 000	160 000	300 000
应付账款	230 000	200 000	?	55 000

（三）**要求** 根据上列账户中的有关数据计算每个账户的未知数据。

习 题 八

（一）**目的** 综合练习会计科目、账户及资金变化类型。

（二）**资料** 某公司201×年4月份有关资料如下：

1. 期初各账户余额如下表所示。

单位：元

账 户 名 称	金 额	账 户 名 称	金 额
银行存款	15 100	实收资本	500 000
库存现金	1 900	短期借款	100 000
应收账款	80 000	应付账款	30 000
库存商品(进价)	273 000		
固定资产	260 000		

2. 4月份内发生下列经济业务（假定不考虑相关税费）：

（1）销售商品90 000元，货款存入银行。

（2）从银行提取现金20 000元，准备发放职工工资。

（3）以现金发放职工工资20 000元。

（4）购入商品40 000元，货款未付。

（5）销售商品60 000元，货款未收。

（6）以银行存款支付房屋修理费5 000元。

（7）购入商品45 000元，以银行存款支付。

（8）收到应收货款60 000元，存入银行。

（9）以银行存款支付房租4 000元，水电费1 000元。

（10）销售商品一批25 000元，货款存入银行。

（11）以现金支付汽车修理费1 500元。

（12）以银行存款偿还前欠货款30 000元。

（13）销售商品一批80 000元，货款存入银行。

（14）以银行存款归还银行借款100 000元。

(15) 本月销售商品成本 215 000 元(库存商品减少)。

(三) 要求

1. 根据上列各账户期初余额确定资产、负债、所有者权益数量关系。

2. 判断 4 月份内发生的每项经济业务的类型,将数字填入表内相应项目(表式一)。

表式一

序号	业务类型	金额				
		资产	负债	所有者权益	收入	费用

3. 计算本月利润额。

4. 根据要求 1~3 项得到的数据列出各账户期初余额,本月增加发生额、本月减少发生额,计算期末余额,并填入表内相应栏目,确定资产、负债和所有者权益的数量关系(表式二)。

表式二

账户名称	期初余额	本月增加额	本月减少额	期末余额
资产类				
×××				
×××				
合计				
负债和所有者权益类				
×××				
×××				
合计				

习 题 九

（一）**目的** 分析会计科目,按经济内容分类。

（二）**资料** 某生产企业有以下状况或发生下列各项经济业务：

1. 存放在出纳处的现金 500 元。

2. 存放在银行里的款项 144 500 元。

3. 向银行借入 3 个月期限的临时借款 600 000 元。

4. 仓库中存放的材料 380 000 元。

5. 仓库中存放的已完工产品 60 000 元。

6. 正在加工中的在产品 75 000 元。

7. 向银行借入 1 年以上期限的借款 1 450 000 元。

8. 房屋及建筑物 2 400 000 元。

9. 所有者投入的资本 2 000 000 元。

10. 机器设备 750 000 元。

11. 应收外单位的货款 140 000 元。

12. 应付给外单位的材料款 120 000 元。

13. 以前年度积累的未分配利润 280 000 元。

14. 对外长期投资 500 000 元。

（三）**要求** 判断上列各项经济业务的科目名称及所属要素,填入下表。

序号	项 目	会计科目	资产	负债	所有者权益
1	存放在出纳处的现金	库存现金	500		
2					
3					
4					
5					
⋮					
	总 计				

习 题 十

（一）**目的** 练习借贷记账法。

(二) 资料

1. 假定××企业201×年7月各资产、负债和所有者权益账户的期初余额如下(单位:元):

资产类账户	金　　额	负债和所有者权益类账户	金　　额
库存现金	1 000	负债:	
银行存款	135 000	短期借款	60 000
应收账款	10 000	应付账款	8 000
生产成本	40 000	应交税费	2 000
原材料	120 000	负债合计	70 000
库存商品	24 000	所有者权益:	
固定资产	600 000	实收资本	860 000
		所有者权益合计	860 000
总　　计	930 000	总　　计	930 000

2. 7月份该企业发生下列各项经济业务:

(1) 购进材料一批,计价11 300元(含增值税,税率13%),材料验收入库,货款以银行存款支付。

(2) 生产车间向仓库领用材料40 000元,全部投入生产。

(3) 从银行存款户领取现金400元。

(4) 以银行存款购入新汽车一辆,计价100 000元。

(5) 用银行存款偿还应付供货单位材料款3 000元。

(6) 生产车间向仓库领用材料25 000元。

(7) 收到购货单位前欠货款3 000元存入银行。

(8) 以银行存款16 000元归还短期借款12 000元,归还应付供货单位货款4 000元。

(9) 其他单位投入资本20 000元存入银行。

(10) 收到购货单位前欠货款4 000元,其中支票3 600元存入银行,另现金400元。

(三) 要求

1. 根据资料 2 的各项经济业务,用借贷记账法编制会计分录。

2. 开设各账户(丁字式)登记期初余额、本期发生额,结出期末余额,并编制"总分类账户本期发生额对照表"。

(四) 格式

1. 会计分录：

顺序号	日期	摘　要	账户名称	过账	借方金额	贷方金额

2. 总分类账户本期发生额对照表：

会计科目	期初余额		本期发生额		期末余额	
	借方	贷方	借方	贷方	借方	贷方

习 题 十 一

(一) 目的　通过账户对应关系,了解经济业务内容。

(二) 资料　××企业 201×年 6 月份有关账户记录如下：

借方	库存现金		贷方
期初余额	160		
② 应收账款	100	① 其他应收款	120
④ 银行存款	400	⑥ 银行存款	400
⑨ 银行存款	400	⑩ 原材料	160
⑪ 其他应收款	40	⑫ 应付账款	300
本期发生额	940	本期发生额	980
期末余额	120		

借方	银行存款		贷方
期初余额	16 800		
② 应收账款	5 600	④ 库存现金	400
③ 固定资产	42 000	⑤ 其他应付款	6 020
⑥ 库存现金	400	⑧ 应付账款	28 600
⑦ 应收账款	20 620	⑨ 库存现金	400
⑬ 短期借款	10 000	⑫ 应付账款	1 700
⑭ 实收资本	20 000	⑮ 短期借款	24 000
		⑯ 固定资产	54 000
本期发生额	98 620	本期发生额	115 120
期末余额	300		

借方	应收账款		贷方		借方	其他应收款		贷方
期初余额	30 800				① 库存现金	120	⑪ 原材料	80
		② 银行存款	5 600				⑪ 库存现金	40
		② 库存现金	100					
		⑦ 银行存款	20 620		本期发生额	120	本期发生额	120
本期发生额	—	本期发生额	26 320					
期末余额	4 480							

借方	原材料		贷方		借方	生产成本		贷方
期初余额	46 000				期初余额	36 120		
⑩ 库存现金	160				本期发生额	—	本期发生额	—
⑪ 其他应收款	80				期末余额	36 120		
本期发生额	240	本期发生额	—					
期末余额	46 240							

借方	库存商品		贷方		借方	固定资产		贷方
期初余额	19 120				期初余额	360 000		
本期发生额	—	本期发生额	—		⑯ 银行存款	54 000	③ 银行存款	42 000
期末余额	19 120				本期发生额	54 000	本期发生额	42 000
					期末余额	372 000		

借方	短期借款		贷方		借方	应付账款		贷方
		期初余额	32 800				期初余额	56 600
⑮ 银行存款	24 000	⑬ 银行存款	10 000		⑧ 银行存款	28 600		
本期发生额	24 000	本期发生额	10 000		⑫ 银行存款	1 700		
		期末余额	18 800		⑫ 库存现金	300		
					本期发生额	30 600	本期发生额	—
							期末余额	26 000

借方	其他应付款		贷方		借方	实收资本		贷方
		期初余额	6 420				期初余额	413 180
⑤ 银行存款	6 020						⑭ 银行存款	20 000
本期发生额	6 020	本期发生额	—		本期发生额	—	本期发生额	20 000
		期末余额	400				期末余额	433 180

(三) 要求

1. 根据上列账户资料,补编会计分录,并按照账户对应关系说明各单位经济业务的内容。

2. 编制"总分类账户本期发生额对照表"。

习 题 十 二

(一) 目的 练习总分类账户和明细分类账户的平行登记。

(二) 资料

1. 某生产企业201×年5月31日有关总分类账户和明细分类账户余额如下:

(1) 总分类账户:

"原材料"账户借方余额200 000元。

"应付账款"账户贷方余额50 000元。

(2) 明细分类账户:

"原材料——甲材料"账户800千克,单价150元,借方余额120 000元。

"原材料——乙材料"账户200千克,单价100元,借方余额20 000元。

"原材料——丙材料"账户500千克,单价120元,借方余额60 000元。

"应付账款——A公司"账户贷方余额30 000元。

"应付账款——B公司"账户贷方余额20 000元。

2. 该公司201×年6月份发生部分经济业务如下:

(1) 以银行存款偿还A公司前欠货款15 000元。

(2) 购进甲材料100千克,单价150元,税价合计16 950元(含增值税,税率13%),以银行存款支付,材料入库。

(3) 生产车间向仓库领用材料一批,计甲材料200千克,单价150元,乙材料100千克,单价100元,丙材料250千克,单价120元,共计领料金额70 000元。

(4) 以银行存款偿还 B 公司前欠货款 10 000 元。

(5) 向 A 公司购入乙材料 100 千克,单价 100 元,材料入库,货款 11 300 元(含增值税,税率 13%),以银行存款支付。

(三) 要求

1. 根据资料 2 内容编制会计分录。

2. 开设"原材料""应付账款"总分类账和明细分类账,登记期初余额,并平行登记总分类账和明细分类账,结出各账户本期发生额和期末余额。

3. 编制"原材料""应付账款"总分类账和明细分类账本期发生额及余额明细表。

三、生产企业的生产经营过程核算

填 空 题

1. 企业的资本金是_____的主要来源和表现形式。
2. "_____"账户主要核算企业购入为工程准备的各种材料物资。
3. 企业已经支付应由本期和以后各期分别负担的分摊期在1年以上的费用,应通过"_____"账户核算。
4. 固定资产出售,应通过"_____"账户核算。
5. "在途物资"账户用来核算企业购入的各种物资的_____和_____。
6. 企业的银行借款利息是_____的。
7. 营业利润＝主营业务收入＋其他业务收入－主营业务成本－_____－_____－_____－财务费用－管理费用＋投资收益。
8. 用现金发放职工工资,在会计处理上应借记"_____"账户,贷记"_____"账户。
9. 费用按照一定对象进行_____即构成该对象的成本。
10. 产品制造成本项目一般分为_____、_____和_____。

单 项 选 择 题

1. 支付职工福利费,在会计处理上应贷记"_____"账户。
   A. 盈余公积　　　　　　B. 应付职工薪酬
   C. 专用基金　　　　　　D. 实收资本
2. 预计应交所得税的会计处理,应为借记"_____"账户,贷记"应交税费"账户。

A. 管理费用 B. 税金及附加
C. 销售费用 D. 所得税费用

3. 车间管理部门使用的固定资产提取折旧费时，应借记"_____"账户，贷记"累计折旧"账户。

A. 制造费用 B. 管理费用
C. 财务费用 D. 折旧费用

4. 销售费用属于期间费用，按月归集，月末全部转入"_____"账户，以确定当期经营成果。

A. 生产成本 B. 本年利润
C. 期间费用 D. 管理费用

5. 制造产品直接耗用的材料，在会计处理上应以增加_____处理。

A. 生产成本 B. 制造费用
C. 管理费用 D. 库存商品

6. 在生产过程中发生的各种耗费称为_____。

A. 生产费用 B. 直接费用
C. 制造费用 D. 间接费用

7. 确认产品销售收入的时间，一般在_____时。

A. 生产过程 B. 成品入库
C. 销售开票 D. 产品发出

8. 材料采购采用计划成本核算的企业，除了设置"材料采购"账户以外，还要设置"_____"账户。

A. 在途物资 B. 材料成本差异
C. 采购费用 D. 材料成本

9. 某企业本期已销产品的制造成本为55 500元，销售费用为4 500元，税金及附加6 000元，其产品销售成本应为_____元。

A. 61 500 B. 66 000
C. 60 000 D. 55 500

10. 某企业购入原材料,价款22 600元,其中含进项增值税2 600元。发生材料运输费1 000元,装卸费150元,采购人员工资1 500元,途中不合理损耗200元,该批材料的采购成本应为_____元。

  A. 26 050   B. 24 550
  C. 26 250   D. 21 150

多项选择题

1. 下列费用中,属于商品、产品销售过程中发生的费用有_____。

  A. 运输费   B. 广告费
  C. 办公费   D. 包装费
  E. 展览费   F. 业务招待费

2. 企业的其他业务收入有_____等。

  A. 出租包装物   B. 提供劳务
  C. 出售废品   D. 出售商品
  E. 代购代销   F. 出售材料

3. 企业以交易为目的所持有的_____等作为交易性金融资产处理。

  A. 股票   B. 产成品
  C. 基金   D. 原材料
  E. 债券   F. 汇票

4. 下列费用中,属于制造费用的有_____。

  A. 机物料消耗   B. 车间管理人员工资
  C. 管理部门办公费   D. 生产直接耗用材料
  E. 劳动保护费   F. 季节性停工损失

5. 下列支出中,属于企业营业外支出的有_____。

  A. 季节性停工损失   B. 固定资产盘亏
  C. 罚款支出   D. 坏账损失

E. 出售无形资产损失　　　F. 利息支出

6. 下列项目中,属于库存商品的有_____。

　　A. 外购商品　　　　　　B. 自制材料
　　C. 自制产品　　　　　　D. 自制设备
　　E. 自制工具　　　　　　F. 商品

7. 下列税金中,应记入"税金及附加"项目的有_____。

　　A. 资源税　　　　　　　B. 增值税
　　C. 教育费附加　　　　　D. 城市维护建设税
　　E. 房产税　　　　　　　F. 消费税

8. 下列费用中,属于管理费用项目的有_____。

　　A. 公司经费　　　　　　B. 保险费
　　C. 劳动保护费　　　　　D. 劳动保险费
　　E. 车间管理费　　　　　F. 业务招待费

9. 材料的采购成本项目应包括_____两项。

　　A. 挑选整理费　　　　　B. 材料买价
　　C. 采购人员工资　　　　D. 途中损耗
　　E. 采购费用　　　　　　F. 采购机构经费

10. 下列项目中,属于直接材料成本内容的有_____。

　　A. 辅助材料　　　　　　B. 包装物
　　C. 动力　　　　　　　　D. 仓储费
　　E. 保险费　　　　　　　F. 设备配件

判断并改错题

1. 企业材料采购的买价和费用,在期末应全部转入"本年利润"账户的借方。　　　　　　　　　　　　　　　　　　　　　　（　　）

2. 车间领用一般性消耗的材料,在会计处理上应属于增加管理费用。　　　　　　　　　　　　　　　　　　　　　　　　（　　）

3. 营业利润＝主营业务收入－主营业务成本＋其他业务收入－其他业务成本－税金及附加－销售费用－管理费用－财务费用＋投资

收益。 （ ）

4. 产品售出、货款未收,在会计处理上应借记"其他应收款"账户;贷记"主营业务收入"账户。 （ ）

5. 固定资产因磨损而减少的价值被称为损耗。 （ ）

6. 财务费用是一种期间费用,按期归集,期末全部转入"本年利润"账户。 （ ）

7. 核算企业向银行或其他金融机构借入的款项,应通过"应付账款"和"其他应付款"两个账户进行核算。 （ ）

8. 财务成果是企业生产经营活动的最终成果,即利润或亏损。 （ ）

9. 凡是由本期产品成本负担的费用,应按实际支付数全部计入本期成本。 （ ）

10. 成本是以产品为对象进行归集的资金耗费。 （ ）

名 词 解 释

1. 成本计算
2. 长期待摊费用
3. 其他业务收入
4. 投资收益
5. 营业外收支
6. 管理费用
7. 营业利润
8. 制造成本

简 答 题

1. 企业的生产经营过程的主要核算内容是什么?
2. 企业的资金应如何进行筹集?
3. 什么是应付票据?
4. 在生产过程中所发生的各种耗费包括哪些内容?
5. 简述"预收账款"账户的性质、结构和核算内容。
6. 固定资产出售、报废和毁损应如何进行核算?
7. 什么是成本计算对象?
8. 试述成本计算的程序。

论 述 题

1. 试述企业主要经济业务核算的意义。
2. 为什么说企业的销售成果不能作为最终的财务成果?
3. 试述成本与费用的区别。

业 务 计 算 题

习 题 一

(一) 目的　练习企业采购过程的核算。

(二) 资料　某企业201×年7月份内发生以下有关材料采购的经济业务:

1. 采购员××预支差旅费500元,以现金支付。

2. 购进下列原材料,增值税税率为13%,已验收入库,货款以商业承兑汇票结算。

　　　甲种材料　　1 600千克　　@10元　计16 000元
　　　乙种材料　　　800千克　　@16元　计12 800元
　　　应交增值税　3 744元　　　　　　合　计　32 544元

3. 以银行存款支付上述材料运费480元;以现金支付运达仓库的装卸费240元。计甲材料480元,乙材料240元。

4. 上述材料按实际成本入账。计甲材料16 480元,乙材料13 040元。

5. 商业汇票到期,以银行存款支付上述材料款及增值税款32 544元。

6. 从外地购入材料11 100元,计甲种材料550千克,@10元;乙种材料350千克,@16元;应交增值税为1 443元,货款以银行存款支付,材料未到。

7. 上述材料已到,以现金支付运费180元,以银行存款支付装卸费540元。计甲材料440元,乙材料280元。

8. 上述材料按实际成本11 820元转账。计甲材料5 940元,乙材料5 880元。

(三) 要求　材料采购成本采用"材料采购"账户核算。

1. 根据上列材料采购的经济业务,编制会计分录。

2. 登记"材料采购""原材料"总分类账户和"材料采购"明细分类账户。

习 题 二

(一) **目的** 练习企业生产过程核算。

(二) **资料** 某企业201×年7月份内发生以下各项经济业务:

1. 生产车间从仓库领用各种原材料进行产品生产。计用于生产A产品甲材料150千克,@10.50元,乙材料100千克,@16.50元;用于生产B产品甲材料120千克,@10.50元,乙材料80千克,@16.50元。

2. 结算本月份应付职工工资,按用途归集如下:

A产品生产工人工资	5 000元
B产品生产工人工资	4 000元
车间管理人员工资	2 000元
管理部门职工工资	3 000元

3. 结转本月职工福利费1 960元,其中:

A产品生产工人	700元
B产品生产工人	560元
车间职工	280元
管理部门职工	420元

4. 计提本月份固定资产折旧,计车间使用的固定资产折旧600元,管理部门使用的固定资产折旧300元。

5. 以银行存款支付应由本月份车间负担的水电费200元。

6. 车间报销办公费及其他零星开支400元,以现金支付。

7. 车间管理人员出差报销差旅费237元,原预支300元,余额归还现金。

8. 将制造费用3 717元如数转入"生产成本"账户。

9. 本月A产品100件和B产品80件均已全部制造完成,并已验收入库,按实际成本19 782元入账。

(三) 要求

1. 根据上列产品生产的经济业务编制会计分录。

2. 登记"生产成本""制造费用""库存商品"总分类账户和"生产成本"明细分类账。

习 题 三

(一) **目的** 练习企业销售过程的核算。

(二) **资料** 某企业201×年7月份发生有关销售经济业务如下：

1. 向甲工厂出售A产品500件,每件售价为60元,增值税税率为13%,货款已收到,存入银行。

2. 向乙公司出售B产品300件,每件售价为150元,增值税税率为13%,货款尚未收到。

3. 按出售的两种产品的实际销售成本转账(A产品单位成本为45元,B产品单位成本为115元)。

4. 以银行存款支付上述A、B两种产品在销售过程中的运输费800元、包装费200元。

5. 结算本月份销售机构职工工资1 000元,并按比例分配职工福利费140元。

6. 按规定计算和登记B产品应交纳的消费税(按销售价计算的消费税税率为10%)。

7. 向丙工厂出售材料物资100千克,每千克售价为12元,货款1 356元(含税)已收到,存入银行。

8. 按出售的材料物资实际销售成本转账(每千克10元)。

(三) 要求

1. 根据上列各项经济业务编制会计分录。

2. 计算营业利润。

习 题 四

(一) **目的** 练习企业费用的核算。

(二) 资料 某企业201×年7月份发生经济业务如下：

1. 结算本月管理人员工资8 000元,其中厂部管理人员工资3 000元,车间管理人员工资5 000元。

2. 计提职工福利费1 120元,其中厂部管理人员420元,车间管理人员700元。

3. 计提本月固定资产折旧费1 400元,其中车间固定资产折旧费800元,管理部门固定资产折旧费600元。

4. 以银行存款支付车间办公费1 200元。

5. 以现金支付机动车修理费400元。

6. 按税法规定,以现金支付车船税300元。

7. 以现金支付下半年度书报费480元。

8. 以银行存款支付产品广告费1 500元。

9. 以银行存款支付应由本季负担的借款利息900元。

10. 以银行存款支付产品销售过程中发生的运输费600元,以现金支付包装费100元。

11. 以现金支付咨询费1 200元。

12. 厂部管理人员出差回来报销差旅费960元,原预支1 000元,余款40元归还现金。

13. 以银行存款支付水电费2 400元,其中车间用1 900元,办公室用500元。

14. 以银行存款支付房租3 000元,其中办公用房租金1 000元,车间生产用房租金2 000元。

(三) 要求 根据上列各项经济业务编制会计分录。

习 题 五

(一) 目的 练习财务成果的核算。

(二) 资料

1. 某企业201×年11月30日有关损益类账户总分类账的累计余额如下表所示。

账户名称	借方累计余额	贷方累计余额
主营业务收入		500 000
主营业务成本	375 000	
税金及附加	30 000	
销售费用	25 000	
其他业务收入		6 000
其他业务成本	3 500	
管理费用	3 000	
财务费用	2 000	
营业外收入		4 000
营业外支出	1 500	

2. "利润分配"账户借方余额 39 515 元。

3. 12 月份内发生以下收支经济业务：

(1) 出售产品一批，售价 56 500 元（含增值税，税率为 13%），货款收到存入银行。

(2) 按出售产品的实际销售成本 32 000 元转账。

(3) 按 5% 税率计算销售产品应交纳的消费税 5 000 元。

(4) 以现金支付产品销售过程中的运杂费、包装费 500 元。

(5) 以银行存款支付管理部门办公经费 300 元。

(6) 以银行存款支付银行借款利息 700 元。

(7) 以银行存款支付违约罚金 500 元。

(8) 没收某公司逾期未还包装物加收的押金 300 元。

4. 计算、结转和分配利润。

(1) 将 1~12 月份各收入账户和支出账户余额转入"本年利润"账户。

(2) 按 12 月份利润总额的 25% 计算和结转应交纳的所得税。

(3) 按 12 月份税后利润的 10% 计算应提取的法定盈余公积。

(4) 按 12 月份税后利润的 15% 计算应提取的任意盈余公积。

(5) 按 12 月份税后利润的 10% 计算登记应付给投资者利润。

(6) 将全年实现的净利润自"本年利润"账户转入"利润分配"账户。

(三) 要求

1. 根据上列资料的各项经济业务内容编制会计分录。
2. 登记"本年利润"和"利润分配"总分类账。

习 题 六

(一) 目的 练习资金投入和退出企业的核算。

(二) 资料 某企业 201×年 7 月发生资金投入和退出的各项经济业务如下：

1. 收到国家投入资金 400 000 元存入银行。

2. 接受 A 单位投入生产设备一台，原值 200 000 元，已提折旧 50 000 元，双方议定价为 150 000 元。

3. 向银行借入临时借款 50 000 元，存入银行，借款期为 3 个月。

4. 因建造厂房向银行借入长期借款 500 000 元购买基建材料。

5. 临时借款 50 000 元到期，以银行存款归还。

6. 将闲置的一辆运输汽车向 B 单位投资，该汽车原值为 150 000 元，已提折旧 30 000 元。双方协商确认 120 000 元。

7. 出售不需用机器一台，双方议价为 20 000 元。该机器原值为 30 000 元，已提折旧 10 000 元，价款已收到存入银行。

8. 以银行存款支付职工医药费计 3 000 元。

(三) 要求 按上列经济业务编制会计分录。

习 题 七

(一) 目的 练习企业主要经营过程的核算。

(二) 资料　某企业201×年3月份发生有关业务(购进、销售价款均含增值税,税率为13%)如下:

1. 销售产品一批,计1 130 000元,货款已收,存入银行。

2. 购入材料一批,计226 000元,运费1 090元,以银行存款支付,材料入库(材料采购成本采用"材料采购"账户核算)。

3. 向银行借入临时借款100 000元,存入银行。

4. 以银行存款支付到期应付票据20 000元,月息为0.6%,期限为3个月。

5. 收到应收款项80 000元,存入银行。

6. 职工出差借支差旅费5 000元,以现金支付。

7. 以银行存款支付租赁费25 500元和销售产品运杂费3 700元。

8. 以银行存款支付本季借款利息1 500元。

9. 以银行存款支付咨询费300元。

10. 结转本月产品销售成本859 640元。

11. 计算并交纳产品消费税9 000元。

12. 将本月各项收支账户余额转入"本年利润"账户。

13. 按利润总额计算和结转应交所得税(税率为25%)。

14. 将"所得税费用"账户余额转入"本年利润"账户。

15. 将税后净利润转入"利润分配"账户。

16. 按本月利润净额10%提取法定盈余公积。

(三) 要求　编制会计分录。

习　题　八

(一) 目的　练习材料采购成本的计算。

(二) 资料　详见业务计算题习题一资料第2、第3笔材料采购业务。

(三) 要求

1. 列出运费和装卸费按材料重量比例分配的算式。

2. 根据上列材料采购经济业务,计算甲、乙两种材料的采购成本。

习 题 九

(一) 目的 练习产品制造成本的计算。

(二) 资料 详见业务计算题习题二资料第1～7笔经济业务。

(三) 要求

1. 列出制造费用按生产工人工资比例摊配的算式。

2. 根据上列经济业务计算 A、B 两种产品的生产成本。

3. 编制"产品生产成本计算表"格式如下(单位：元)。

成本项目	A 产品		B 产品	
	总成本(100件)	单位成本	总成本(80件)	单位成本
直接材料				
直接人工				
制造费用				
产品生产成本				

习 题 十

(一) 目的 练习产品销售成本的计算。

(二) 资料 详见业务计算题习题三资料第1～6笔产品销售经济业务。

(三) 要求 计算 A、B 两种产品的销售成本总额，并列出算式。

习 题 十一

(一) 目的 综合练习企业主要经营过程核算和成本计算。

(二) 资料

1. 某企业201×年11月30日各总分类账户余额及有关账户明细资料如下：

单位：元

账户名称	借方余额	账户名称	贷方余额
库存现金	1 300	短期借款	42 900
银行存款	139 200	应付账款	1 000
应收账款	3 000	其他应付款	800
原材料	125 000	应交税费	1 000
库存商品	164 000	实收资本	1 000 000
固定资产	882 000	盈余公积	14 000
		本年利润	100 200
		累计折旧	154 600
合　　计	1 314 500	合　　计	1 314 500

"库存商品"账户余额164 000元，其中：

　A产品4 000件　@20元　计80 000元

　B产品7 000件　@10元　计70 000元

　C产品1 000件　@14元　计14 000元

"应收账款"账户余额3 000元系新华厂欠款。

"应付账款"账户余额1 000元系欠八一厂货款。

2. 本年12月份内发生下列经济业务：

（1）仓库发出甲材料40 000元，用于生产A产品21 900元，B产品18 100元。

（2）仓库发出辅助材料2 000元，供车间使用。

（3）从银行存款中提取现金30 000元。

（4）以现金支付职工工资24 000元。

（5）向光明厂购入甲材料16 950元(含增值税，税率为13％)，货款以银行存款支付。材料已验收入库，按其实际采购成本转账。

（6）向八一厂购入乙材料45 200元(含增值税，税率为13％)。货款以商业承兑汇票结算。材料已到达并验收入库。

(7) 以现金支付上述购入材料的搬运费 600 元,并按其实际采购成本转账。

(8) 收到新华厂还来欠款 3 000 元存入银行。

(9) 以银行存款支付上月应交消费税 1 000 元。

(10) 本月份职工工资分配如下：

A 产品生产工人工资	10 000 元
B 产品生产工人工资	10 000 元
车间职工工资	3 000 元
管理部门职工工资	1 000 元
合计	24 000 元

(11) 结转职工社会保险费 3 360 元,其中：

A 产品生产工人福利费	1 400 元
B 产品生产工人福利费	1 400 元
车间职工福利费	420 元
管理部门职工福利费	140 元

(12) 计提本月固定资产折旧 3 160 元,其中车间使用固定资产折旧 2 380 元,管理部门用固定资产折旧 780 元。

(13) 以银行存款支付车间办公用具费用 1 400 元。

(14) 将制造费用按生产工人工资比例摊配到 A、B 两种产品成本中。

(15) A 产品已全部完成,共 2 000 件,按其实际生产成本转账。

(16) 出售产成品给新华厂,计 A 产品 1 800 件,每件售价为 28 元;B 产品 4 400 件,每件售价 14 元;共计售价 126 560 元(含增值税,税率 13%),货款尚未收到。

(17) 结转上述出售产成品生产成本,计 A 产品单位成本为 20 元,B 产品单位成本为 10 元,共计 80 000 元。

(18) 用现金支付销售产品包装费 300 元、装卸费 800 元等销售费用共计 1 100 元。

(19) 以银行存款支付临时借款利息 5 000 元。

(20) 以银行存款支付本月应计入的管理费用 1 200 元。

(21) 按售价计算应交已售产品的消费税 5 600 元。

(22) 由于自然灾害使辅助材料损坏 300 千克,价值为 1 120 元,经上级批准,作非常损失处理。

(23) 没收包装物逾期未还的押金 300 元。

(24) 出售多余甲材料 2 260 元(含增值税,税率为 13%),价款存入银行。同时结转该材料的实际成本 1 500 元。

(25) 将 12 月份各损益账户余额转至"本年利润"账户,结出 12 月份利润。

(26) 按 12 月份利润总额的 25% 计算应交所得税,并将"所得税费用"账户余额转入"本年利润"账户。

(27) 将税后净利润转入"利润分配"账户。

(28) 按 12 月份税后利润 10% 提取法定盈余公积。

(三) 要求 材料采购成本采用"材料采购"账户核算。

1. 根据上述经济业务编制会计分录。

2. 开设丁字式总分类账户并进行登记。

3. 根据总分类账户编制本期发生额对照表。

四、商品流通企业主要经营过程核算

填 空 题

1. 批发企业的库存商品核算一般采用_____和_____两种计量单位进行_____核算。

2. 批发商品销售成本的计算,有_____和_____两种方法。

3. "商品进销差价"账户的贷方登记_____的差价,借方登记_____的差价。

4. 核算商品流通费用的账户有"_____""_____"和"_____"。

5. 批发商品销售成本是指_____。

6. 采用售价金额核算的商品销售收入,如果包括销项增值税额在内入账,则月末应予以_____。

7. 商品流通费用是商品流通企业在_____过程中所耗费的_____和_____的货币表现。

8. "财务费用"账户用来核算企业_____而发生的费用。

单项选择题

1. 零售商品的核算一般采用_____核算方法。
   A. 数量 B. 金额
   C. 金额和数量 D. 实物

2. 商品保管费支出应在"_____"账户中列支。
   A. 销售费用 B. 管理费用
   C. 销售费用 D. 财务费用

3. 低值易耗品在使用过程中磨损的价值,应摊入_____。
   A. 销售费用 B. 财务费用

    C. 采购费用   D. 管理费用

4. 采用售价金额核算的零售企业,其库存商品的价值应按_____金额计算。

    A. 进价   B. 售价

    C. 进价+增值税   D. 售价+增值税

5. 批发企业代购货单位垫付的商品运费在会计处理上应借记"_____"账户,贷记"银行存款"或"库存现金"账户。

    A. 应收账款   B. 其他应收款

    C. 销售费用   D. 管理费用

6. 支付长期待摊费用应属于_____费用核算。

    A. 直接支付   B. 转账摊销

    C. 预付待摊   D. 预提应付

7. 商品流通企业的固定资产折旧费应记入"_____"账户核算。

    A. 财务费用   B. 销售费用

    C. 管理费用   D. 商品销售成本

8. 商品流通企业的_____支出不能作为商品流通费处理。

    A. 商品损耗   B. 商品加工费

    C. 保险费   D. 坏账损失

多 项 选 择 题

1. 批发商品的库存核算方法一般有_____。

    A. 进价金额核算   B. 数量进价金额核算

    C. 加权平均法核算   D. 售价金额核算

    E. 数量售价金额核算   F. 最后进价法核算

2. 商品流通费用的核算方法有_____。

    A. 直接支付   B. 转账摊销

    C. 预付待摊   D. 现金支付

    E. 转账支付   F. 预提应付

3. 下列计算方法中,属于批发商品进价成本核算方法的有_____。

  A. 加权平均法   B. 后进先出法

  C. 顺算成本法   D. 先进先出法

  E. 倒算成本法   F. 直接成本法

4. 下列计算方法中,属于批发商品销售成本计算方法的有_____。

  A. 加权平均法   B. 直接成本法

  C. 顺算成本法   D. 倒算成本法

  E. 先进先出法   F. 后进先出法

5. 某企业采用售价金额核算,其商品的销售价格(含增值税)应是_____金额的合计数。

  A. 进价   B. 进项增值税

  C. 运输费   D. 毛利

  E. 销项增值税   F. 包装费

6. 下列费用项目中,属于商品流通费用范围的有_____。

  A. 职工工资及附加费   B. 折旧费

  C. 利息   D. 运输费

  E. 商品加工费   F. 财产损失

7. 下列各项差价中,应记入"商品进销差价"账户贷方的有_____。

  A. 商品售价大于进价的差价   B. 商品售价小于进价的差价

  C. 商品售价调高的差价   D. 商品售价调低的差价

  E. 短缺商品转销的差价   F. 溢余商品入账的差价

8. 下列资金形态中,构成商品流转资金运动的有_____。

  A. 货币资金   B. 生产资金

  C. 商品资金   D. 成品资金

  E. 储备资金   F. 销售资金

判断并改错题

1. 商品流通过程包括商品生产和销售两个阶段。 ( )

2. 商品流通资金是以"货币—商品—货币"的形式进行运动的。
（　　）

3. 批发企业的库存商品核算一般有进价金额核算和售价金额核算两种方法。（　　）

4. "在途物资"账户是成本计算账户，用来核算购入商品的实际成本。（　　）

5. 按规定购进商品所支付的运费，不能扣除进项增值税额。
（　　）

6. 商品销售是指企业通过货币结算而出售本企业经营商品的交易行为。（　　）

7. 企业采用顺算成本法计算商品销售成本，应先计算期末库存金额，再计算商品销售成本。（　　）

8. 零售商品购进核算与批发商品购进核算的方法相同，设置、使用的账户也完全一致。（　　）

名　词　解　释

1. 商品流转
2. 主营业务利润
3. 数量进价金额核算
4. 商品流通费
5. 转账摊销费用
6. 直接支付费用
7. 售价金额核算
8. 财务成果

简　答　题

1. 批发商品核算的方法有哪几种？其主要内容是什么？
2. 批发商品购进过程核算需要设置哪些账户？主要核算内容是什么？
3. 批发商品销售过程核算需要设置哪些账户？主要核算内容是什么？
4. "销售费用"账户的主要核算内容是什么？
5. 利润的形成和分配应通过什么账户进行核算？
6. 批发商品销售成本应如何计算？

论　述　题

1. 试述"售价金额核算"的主要内容及优缺点。

2. 试述产品制造企业与商品流通企业资金运动的异同。

业务计算题

习 题 一

(一) 目的　练习批发商品经营业务的核算。

(二) 资料

1. 从本市牙膏厂购入大号中华牙膏 200 盒(10 支包装),每盒进价为 21 元,增值税税率为 13％,价税合计 4 746 元,以转账支票付清,商品已验收入库。

2. 向广州百货公司购入力士香皂 100 盒(10 块包装),每盒进价为 24 元,增值税税率为 13％,广州百货公司代垫运费 42 元。今接银行转来托收承付凭证,当即承付全部价税及运费。商品未到。

3. 上项力士香皂今日到货,经验收无误,入库保管。

4. 售予本市电视机商店 21 英寸彩色电视机 20 台,每台售价为 2 825 元(含增值税,税率为 13％),该批电视机每台进价为 2 106 元。货已发出,货款尚未收到。按实际成本转账。

5. 售予南昌家电批发公司商品一批,计售价 19 210 元(含增值税,税率为 13％),商品已发运,并以转账支票代垫运杂费 600 元。货款及代垫费用一并通过银行向南昌购货方托收。

6. 接银行通知,上述货款及代垫运杂费已收到入账。

7. 向厦门运动鞋厂购入男式运动鞋 1 000 双,每双进价为 40 元,增值税进项税税率为 13％,共计价税款 45 200 元,另代垫运杂费 400 元。今接银行转来该厂托收凭证,经审核无误,当即承付全部款项。

8. 上项运动鞋已运到,全部验收入库。

9. 售予本市百货商厦男运动鞋 150 双,每双进价为 40 元,售价为 48 元,增值税销项税税率为 13％,货已发出,货款尚未收到。结转该批商品销售成本。

10. 收到市百货商厦货款 8 136 元,予以转账。

(三) 要求　按上列经济业务编制会计分录。

习 题 二

(一) 目的 练习零售商品经营业务的核算。

(二) 资料 某零售商店月内发生以下部分经济业务(进、销价格均含增值税,税率为13%):

1. 向市内某批发公司购进小百货一批计货款11 752元,商品已到,由小商品柜验收,零售价为13 560元,货款以转账支票付清。

2. 向市内某工厂购入练习本10 000册,单位进价为1.13元,单位售价为1.356元。商品由文具柜验收,货款以银行存款支付。

3. 向广州服装批发市场购入衬衫一批,进价为6 621.80元,货款以银行存款支付,商品未到,该批衬衫售价为7 748.80元。

4. 广州衬衫已运到,由服装柜验收入库。

5. 购入毛巾的进价为22 600元,售价为24 400元,商品已验收入库,货款尚未支付予以转账。

6. 各营业柜送来本日销货款,计百货柜3 500元,针织柜4 000元,服装柜9 500元,小商品柜1 900元,文具柜2 400元,经出纳员点验无误,现金全部送存银行。

7. 月末,按下列资料计算和结转本月已销商品收入的增值税及进销差价,予以转账。

营业柜	月末分摊前"商品进销差价"账户月末余额	月末"库存商品"账户余额	本月"商品销售收入"账户贷方发生额(含税)
百货	36 000	84 000	176 280
文具	46 800	126 000	264 420
针织	137 700	480 000	610 200
服装	174 750	524 250	724 047.50

(三) 要求 按上列经济业务编制会计分录。

习 题 三

(一) 目的 练习商品流通费的核算。

(二) 资料　某商店本月内发生下列费用：

1. 以转账支票支付某运输公司运输、装卸费用 3 080 元。

2. 以银行存款支付仓库用房租金 2 000 元,商场用房租金 5 000 元,办公用房租金 1 000 元。

3. 商场向总务部门领用手推车一辆(账面价值 600 元),予以转账 (按五五摊销法)。

4. 以银行存款支付下半年度书报费 420 元。

5. 以银行存款支付摊销本月应负担的营业用房修理费 1 400 元。

6. 以银行存款支付咨询费 1 200 元。

7. 采购员出差预支差旅费 2 000 元,以现金支付。

8. 商店业务经理出差回来报销差旅费 1 890 元,原借支 2 000 元, 余款交回现金。

9. 以银行存款支付广告费 3 000 元。

10. 以银行存款支付本季度借款利息 4 500 元。

(三) 要求　按上列经济业务编制会计分录。

习　题　四

(一) 目的　练习利润形成和分配的核算。

(二) 资料　本期末某商业企业各损益账户余额如下：

主营业务收入	3 000 000 元	主营业务成本	2 560 000 元
其他业务收入	109 000 元	其他业务成本	72 000 元
营业外收入	1 000 元	销售费用	97 000 元
		管理费用	51 000 元
		财务费用	39 200 元
		营业外支出	800 元

(三) 要求

1. 按上列资料结转至"本年利润"账户,计算出利润总额,并编制会计分录。

2. 按利润总额的 25% 计算应交所得税费用,结转应交所得税,将税后净利润转入利润分配账户,并编制会计分录。

3. 按税后利润 10% 计提法定盈余公积,并编制会计分录。

习 题 五

(一) 目的 综合练习商品流通企业经营核算。

(二) 资料 某零售企业 201× 年 3 月发生下列经济业务:

1. 以银行存款归还短期借款 200 000 元,支付 3 个月利息,月息率为 1%。

2. 向市场购入甲公司普通股票 10 000 股,市场价为每股 3 元,另加经纪人手续费 300 元。

3. 出售上项股票 10 000 股,实际收到价款 32 300 元,价款存入银行。

4. 采购员王某因公出差未回,财会部门将其工资 900 元暂存。

5. 医务室购入药品一批计 3 500 元,以银行存款支付。

6. 购入不需安装固定资产设备一台,价款 67 800 元,购入运输费、包装费、保险费计 1 800 元,以银行存款支付。

7. 购入某项固定资产,原值 190 000 元,残值 10 000 元,预计使用 5 年,按平均年限法计算计提折旧,现计提本月份折旧额。

8. 出售不需要包装物一批,售价 226 元(含增值税,税率为 13%),价款收到,存入银行。

9. 购入商品一批,进价 113 000 元(含增值税,税率为 13%)。该批商品毛利 10 000 元,售价 124 300 元(含增值税,税率为 13%),货款以银行存款支付。

10. 销售商品一批,售价 64 350 元,货款收到,存入银行,同时结转商品销售成本。

11. 月末计算和结转本月已销商品进销差价。

12. 月末计算和结转本月应缴销项增值税。

(三) 要求 按上列经济业务编制会计分录。

五、企业会计账户分类

填 空 题

1. 调整账户按其调整方式的不同可以分为_____、_____和_____三种。

2. 基本账户可分为_____、_____、_____和_____四类。

3. 跨期摊配账户是"_____"账户。

4. 账户按经济内容分类,主要可分为_____账户、_____账户、_____账户、_____账户和_____账户五类。

5. 账户按用途和结构分类,可分为_____账户、_____账户、_____账户、_____账户、_____账户、_____账户、_____账户、_____账户和_____账户九类。

6. 按照结算的性质,结算账户可以分为_____账户、_____账户和_____账户。

7. "坏账准备"账户是_____的备抵账户。

8. 附加账户的余额与_____的余额方向是一致的。

单项选择题

1. 按用途和结构分类,"预付账款"账户属于_____账户。
   A. 资产结算　　　　　　B. 负债结算
   C. 资产、负债结算　　　D. 附加调整

2. 按用途和结构分类,"财务费用"账户属于_____账户。
   A. 集合分配　　　　　　B. 集合配比
   C. 期间费用　　　　　　D. 资产结算

3. "长期待摊费用"账户按用途和结构分类,应属于_____账户。
   A. 资本　　　　　　　　B. 集合分配
   C. 成本计算　　　　　　D. 跨期摊配

· 49 ·

4. "利润分配"账户按用途和结构分类,应属于_____账户。
   A. 所有者权益　　　　　　B. 财务成果计算
   C. 抵减调整　　　　　　　D. 资本

5. 按经济内容分类,"资本公积"账户属于_____账户。
   A. 资本　　　　　　　　　B. 负债
   C. 盘存　　　　　　　　　D. 所有者权益

6. 按用途和结构分类,"材料采购"账户本期发生额应属于_____账户。
   A. 盘存　　　　　　　　　B. 成本计算
   C. 结算　　　　　　　　　D. 集合分配

7. 按用途和结构分类,下列账户中,属于资产结算账户的是"_____"账户。
   A. 应收账款　　　　　　　B. 应付账款
   C. 预收账款　　　　　　　D. 银行存款

8. 按用途和结构分类,下列账户中,属于跨期摊配账户的是"_____"账户。
   A. 应交税费　　　　　　　B. 财务费用
   C. 管理费用　　　　　　　D. 长期待摊费用

多项选择题

1. 下列账户按用途和结构分类,属于盘存类账户的有_____。
   A. "生产成本"账户余额　　B. "银行存款"账户余额
   C. "材料采购"账户发生额　D. "生产成本"账户发生额
   E. "工程物资"账户余额　　F. "实收资本"账户余额

2. 下列账户按经济内容分类,属于成本类账户的有"_____"。
   A. 管理费用　　　　　　　B. 生产成本
   C. 销售费用　　　　　　　D. 投资收益
   E. 制造费用　　　　　　　F. 劳务成本

3. 下列账户按用途和结构分类,属于调整账户的有"_____"。

A. 累计折旧 B. 本年利润
C. 盈余公积 D. 利润分配
E. 坏账准备 F. 固定资产清理

4. 下列账户按用途和结构分类,属于结算资产账户的有"_____"。

A. 应收票据 B. 其他应收款
C. 应付福利费 D. 短期借款
E. 应付账款 F. 应收账款

5. 下列账户按用途和结构分类,属于调整账户的有"_____"。

A. 存货跌价准备 B. 累计折旧
C. 固定资产 D. 商品进销差价
E. 长期待摊费用 F. 无形资产

6. 下列账户按经济内容分类,属于损益类账户的有"_____"。

A. 所得税费用 B. 本年利润
C. 制造费用 D. 投资收益
E. 销售费用 F. 财务费用

7. 下列账户按用途和结构分类,属于抵减调整账户的有"_____"。

A. 存货跌价准备 B. 累计折旧
C. 坏账准备 D. 固定资产清理
E. 商品进销差价 F. 材料成本差异

8. 下列账户按用途和结构分类,属于结算负债账户的有"_____"。

A. 应付账款 B. 预付账款
C. 应付票据 D. 应收账款
E. 长期借款 F. 预收账款

判断并改错题

1. 按用途和结构分类,"材料采购"账户应属于资产结算账户。

( )

2. 按经济内容分类,"本年利润"账户应属于所有者权益类。
（　　）
3. 按用途和结构分类,"累计折旧"应属于附加调整账户。（　　）
4. "长期待摊费用"账户按经济内容分类,应属于负债类。（　　）
5. "生产成本"账户按用途和结构分类,应属于盘存账户或成本计算账户。（　　）
6. 按经济内容分类,"应付账款"账户属于负债类,但在出现借方余额时,也可以属于资产类。（　　）
7. 属于所有者权益的所有账户,按用途和结构分类都属于资本账户。（　　）
8. 按用途和结构分类,"主营业务收入"和"主营业务成本"账户都属于配比账户。（　　）

名词解释

1. 账户的用途
2. 账户的结构
3. 盘存账户
4. 调整账户
5. 集合分配账户
6. 备抵账户
7. 资本账户
8. 跨期摊配账户

简答题

1. 账户按经济内容可分为哪几类？每一大类包括哪几小类？
2. 账户按用途和结构可分为哪几类？每一大类包括哪几小类？
3. 什么是调整账户？它可分为哪几类？
4. 什么是结算账户？它可分为哪几类？
5. 什么是盘存账户？它有何特点？
6. 集合分配账户和集合配比账户有何区别？

论述题

1. 为什么要对账户进行分类？按经济内容分类和按用途结构分类,两者的作用有何不同？
2. 试述基本账户的特点。

第一部分 练 习 题

业务计算题

习 题 一

(一) **目的** 练习账户按经济内容和用途结构分类。

(二) **资料** 账户名称：应收账款、应付账款、短期借款、制造费用、银行存款、应付票据、预付账款、长期待摊费用、本年利润、实收资本、财务费用、管理费用、库存现金、生产成本、累计折旧、盈余公积、库存商品、利润分配、应交税费、固定资产、主营业务收入、主营业务成本、其他业务成本。

(三) **要求** 将上列账户名称填入下表相应栏目内。

类别	资产账户	负债账户	所有者权益账户	成本账户	损益账户
盘存账户					
结算账户					
跨期摊配账户					
资本账户					
调整账户					
集合分配账户					
成本计算账户					
集合配比账户					
财务成果账户					

习 题 二

(一) **目的** 练习账户按用途和结构分类。

(二) **资料**

借方	应收账款	贷方	借方	固定资产	贷方
期初余额 40 000			期初余额 500 000		
本期发生额 110 000	本期发生额 120 000		本期发生额 20 000	本期发生额 60 000	
期末余额			期末余额		

借方	坏账准备	贷方	借方	累计折旧	贷方
	期初余额	400		期初余额	200 000
本期发生额 500	本期发生额	600	本期发生额 20 000	本期发生额	19 000
	期末余额			期末余额	

(三) 要求

1. 将(二)资料部分各账户按用途和结构分类。
2. 计算各账户期末余额。
3. 计算"应收账款""固定资产"等账户期末净额。

六、会 计 凭 证

填 空 题

1. 将现金送存银行时,一般只填制＿＿＿＿＿＿。
2. 会计凭证按其填制的程序和用途不同,可以分为＿＿＿＿＿和＿＿＿＿＿两类。
3. 记账凭证按其反映的经济内容不同,可以分为＿＿＿＿、＿＿＿＿和＿＿＿＿三种。
4. 原始凭证按其来源不同,可以分为＿＿＿＿＿和＿＿＿＿。
5. 记账凭证按其编制的方式不同,可以分为＿＿＿＿＿和＿＿＿＿＿。
6. 记账凭证按其用途不同,可以分为＿＿＿＿、＿＿＿＿和＿＿＿＿。
7. 付款凭证是用来记录＿＿＿＿＿和＿＿＿＿＿支出业务的记账凭证。
8. 在一张记账凭证上只填列一个会计科目的是＿＿＿＿＿。

单 项 选 择 题

1. 向银行提取现金准备发放职工工资的业务,应根据有关原始凭证填制＿＿＿＿。
   A. 收款凭证　　　　　　B. 付款凭证
   C. 转账凭证　　　　　　D. 收款和付款凭证
2. 用转账支票支付前欠货款,应填制＿＿＿＿。
   A. 转账凭证　　　　　　B. 收款凭证
   C. 付款凭证　　　　　　D. 原始凭证
3. 差旅费报销单属于＿＿＿＿。
   A. 记账凭证　　　　　　B. 自制原始凭证

C. 外来原始凭证　　　　D. 累计凭证

4. 记账凭证应根据合法的_____填列。

　　A. 收款凭证　　　　　B. 原始凭证

　　C. 付款凭证　　　　　D. 转账凭证

5. 原始凭证按其填制的手续不同,可以分为_____。

　　A. 通用凭证和专用凭证

　　B. 通知凭证、执行凭证和计算凭证

　　C. 外来凭证和自制凭证

　　D. 一次凭证和累计凭证

6. "限额领料单"属于_____。

　　A. 累计凭证　　　　　B. 外来凭证

　　C. 汇总凭证　　　　　D. 付款凭证

7. 记账凭证是_____的依据。

　　A. 编制报表　　　　　B. 业务活动

　　C. 登记账簿　　　　　D. 原始凭证

8. 从银行提取现金,应填制_____。

　　A. 收款凭证　　　　　B. 付款凭证

　　C. 转账凭证　　　　　D. 单式凭证

多项选择题

1. 下列分类标准中,适用原始凭证分类的有_____。

　　A. 来源　　　　　　　B. 用途

　　C. 格式　　　　　　　D. 填制手续

　　E. 结构　　　　　　　F. 经济业务

2. 下列分类标准中,适用记账凭证分类的有_____。

　　A. 来源　　　　　　　B. 经济业务

　　C. 格式　　　　　　　D. 用途

　　E. 结构　　　　　　　F. 填制方法

3. 原始凭证按其用途不同,可分为_____。

A. 外来凭证 B. 自制凭证
C. 通知凭证 D. 执行凭证
E. 计算凭证 F. 累计凭证

4. 记账凭证按其经济业务类别不同,可分为_____。
   A. 收款凭证 B. 转账凭证
   C. 汇总凭证 D. 付款凭证
   E. 分录凭证 F. 联合凭证

5. 记账凭证按其填制方法的不同,可分为_____。
   A. 收款凭证 B. 复式记账凭证
   C. 转账凭证 D. 付款凭证
   E. 单式记账凭证 F. 汇总凭证

6. 下列各项中,属于记账凭证必须具备的内容有_____。
   A. 记账凭证名称 B. 原始凭证名称
   C. 接受单位名称 D. 会计分录
   E. 填制单位名称 F. 记账凭证日期编号

7. 原始凭证按其格式不同,可分为_____。
   A. 通用凭证 B. 单用凭证
   C. 外来凭证 D. 专用凭证
   E. 多用凭证 F. 自制凭证

8. 下列内容中,属于记账凭证编制基本要求的有_____。
   A. 填写会计科目 B. 附有原始凭证
   C. 连续编号 D. 摘要简明扼要
   E. 合法、合规 F. 及时正确

判断并改错题

1. 会计凭证按其来源不同,可以分为外来会计凭证和自制会计凭证两种。 ( )

2. 记账凭证按其所反映的经济业务内容不同,可以分为原始凭证、汇总凭证和累计凭证。 ( )

3. 原始凭证是在经济业务发生或完成时取得或编制的。它载明经济业务的具体内容，明确经济责任，是具有法律效力的书面证明。
（   ）

4. 付款凭证是只用于银行存款付出业务的记账凭证。（   ）

5. 转账凭证是用于不涉及现金和银行存款收付业务的其他转账业务所用的记账凭证。（   ）

6. 记账凭证按其用途不同可以分为单式记账凭证和复式记账凭证。（   ）

7. 原始凭证的内容中应包括会计分录。（   ）

8. 自制原始凭证是企业内部经办业务的部门和人员填制的凭证。
（   ）

名 词 解 释

1. 会计凭证　　　　　　2. 记账凭证
3. 原始凭证　　　　　　4. 累计凭证
5. 自制原始凭证　　　　6. 转账凭证
7. 分录凭证　　　　　　8. 汇总凭证

简 答 题

1. 会计凭证分为哪几类？它们有什么区别？
2. 记账凭证按其反映经济业务的不同可分为哪几种？如何运用？
3. 原始凭证的基本内容是什么？
4. 记账凭证的基本内容是什么？
5. 简述填制原始凭证和记账凭证的要求。
6. 正确、合理地组织会计凭证的传递有什么作用？

论 述 题

1. 什么是会计凭证？准确填制和严格审查会计凭证有什么意义？
2. 为什么对原始凭证和记账凭证要进行审核？审核时应注意哪些方面的内容？

第一部分 练 习 题

业务计算题

习 题 一

(一) 目的 练习编制记账凭证。

(二) 资料 某单位201×年8月份发生下列经济业务：

1. 4日，收到A公司归还前欠货款20 000元，并存入银行。

2. 9日，向B工厂购入甲材料，进价45 200元(含增值税,税率为13%)，货款以商业汇票支付。材料未到。

3. 11日，从银行提取现金52 000元。

4. 16日，销售甲产品一批计36 160元(含增值税,税率为13%)，收入现金全部送存银行。

5. 22日，车间领甲材料18 000元用于生产甲产品。

6. 23日，管理人员王某出差回来，报销差旅费2 230元，交回现金270元。

7. 26日，销售给C公司乙产品一批，计价38 646元(含增值税,税率为13%)，货款未收。

8. 29日，以银行存款支付电费1 240元，水费480元。

(三) 要求

1. 根据上列经济业务，确定应编制的记账凭证的种类。
2. 根据上列经济业务编制记账凭证。

(四) 格式

1.

收 款 凭 证

借方科目　　　　　　　　年　　月　　日

摘　要	贷　方　科　目		记账	金额
	一级科目	二级或明细科目		
			合计	

会计主管　　　　记账　　　　出纳　　　　复核　　　　制单

2.

付 款 凭 证

贷方科目　　　　　　　年　　月　　日

摘　要	借　方　科　目		记账	金额
	一级科目	二级或明细科目		
			合计	

会计主管　　　记账　　　出纳　　　复核　　　制单

3.

转 账 凭 证
年　　月　　日

摘　要	一级科目	二级或明细科目	记　账	借方金额	贷方金额
			合计		

会计主管　　　记账　　　复核　　　制单

习 题 二

(一) 目的　练习编制记账凭证。

(二) 资料　某商业企业201×年6月份发生下列部分经济业务：

1. 1日，销售商品一批，售价40 002元(含增值税，税率为13%)，收入现金全部解入银行。

2. 5日，从银行提取现金20 000元，准备发放工资。

3. 10日，A公司交来支票一张，计15 000元，归还前欠货款，支票解入银行。

4. 16日，以现金支付本月房租1 800元。

5. 18日,以银行存款支付商品采购运费500元。

6. 20日,购入商品一批,进价50 850元(含增值税,税率为13%),先以银行存款支付货款,后商品验收入库。

7. 30日,摊销本季应负担的修理费400元。

8. 30日,以银行存款支付本季应负担的借款利息1 200元。

(三) 要求

1. 根据上列经济业务,确定应编制的记账凭证种类。

2. 编制记账凭证。

七、会计账簿

填空题

1. 账簿按外表形式分类,可以分为_____、_____和_____。

2. 更正错账的方法一般有_____、_____和_____。

3. 对账应包括_____、_____、_____和_____。

4. 明细分类账的格式,常用的有_____、_____、_____和平行式账页。

5. 日记账分_____和_____两类。

6. 按会计制度规定,更换账簿应在_____开始时进行。

7. 分类账有_____和_____两类。

8. 账簿按用途不同,可分为_____、_____和_____。

单项选择题

1. 登记账簿的依据是_____。
    A. 经济合同   B. 记账凭证
    C. 会计分录   D. 有关文件

2. 记账以后,发现记账凭证中科目正确,但所记金额小于应记的金额,应采用_____进行更正。
    A. 红字更正法   B. 平行登记法
    C. 补充登记法   D. 划线更正法

3. "应付账款"明细账一般应采用_____账页。
    A. 三栏式   B. 多栏式
    C. 平行式   D. 数量金额式

4. _____的目的是为了账簿记录的真实、可靠、正确、完整。

A. 过账 　　　　　　B. 结账
C. 转账 　　　　　　D. 对账

5. 租入固定资产登记簿属于_____。

   A. 序时账 　　　　　B. 明细分类账
   C. 总分类账 　　　　D. 备查簿

6. 多栏式银行存款日记账属于_____。

   A. 总分类账 　　　　B. 明细分类账
   C. 备查簿 　　　　　D. 序时账

7. 登记银行存款支出业务的日记账依据是_____。

   A. 现金收款凭证 　　B. 现金付款凭证
   C. 银行存款收款凭证 D. 银行存款付款凭证

8. 库存商品明细账通常采用_____账簿。

   A. 多栏式 　　　　　B. 三栏式
   C. 数量金额式 　　　D. 数量卡

多项选择题

1. 下列账簿中,属于明细分类账格式的有_____。

   A. 三栏式 　　　　　B. 多栏式
   C. 卡片式 　　　　　D. 平行式
   E. 数量金额式 　　　F. 订本式

2. 企业会计制度规定的结账时期一般为_____。

   A. 1年 　　　　　　B. 半年
   C. 90天 　　　　　　D. 60天
   E. 30天 　　　　　　F. 10天

3. 下列方法中,属于更正错账方法的有_____。

   A. 划线更正法 　　　B. 补充登记法
   C. 平行登记法 　　　D. 红字更正法
   E. 红字补充法 　　　F. 更改凭证法

4. 下列各项中,属于对账内容的有_____。

A. 明细账与总账核对   B. 库存商品账与实物核对

C. 往来账与业务合同核对   D. 记账凭证与原始凭证核对

E. 总账与会计报表核对   F. 库存现金与现金账核对

5. 下列账户中，需要在年末将余额过入新账簿的有_____。

   A. 应收账款   B. 待摊费用

   C. 固定资产   D. 银行存款

   E. 管理费用   F. 预提费用

6. 登记账簿的规则包括_____。

   A. 账簿启用   B. 错账更正

   C. 结账   D. 账簿登记

   E. 对账   F. 账簿设置

7. 下列账户中，可以采用多栏式明细账簿的有_____。

   A. 生产成本   B. 管理费用

   C. 原材料   D. 应收账款

   E. 库存商品   F. 制造费用

8. 账簿按外表形式可分为_____。

   A. 日记账   B. 活页账

   C. 辅助账   D. 备查账

   E. 订本账   F. 卡片账

判断并改错题

1. 账簿按用途分类可以分为日记账、分类账和备查簿三种。（   ）

2. 记账以后，发现所记金额小于应记金额，但记账凭证正确，应采用红字更正法进行更正。 （   ）

3. 银行存款日记账应属于总分类账。 （   ）

4. 多栏式明细账一般适用于资产类账户。 （   ）

5. 现金日记账必须采用订本式账簿。 （   ）

6. 批发商品库存明细账应采用三栏式账簿，以反映其收入、发出和结存数。 （   ）

7. 由于记账凭证错误而造成的账簿记录错误,应采用划线更正法进行更正。 （　）

8. 在会计核算中,一般应通过财产清查进行账实核对。 （　）

名 词 解 释

1. 日记账　　　　　　　　2. 总分类账

3. 明细分类账　　　　　　4. 结账

5. 会计账簿　　　　　　　6. 序时账簿

7. 备查账簿　　　　　　　8. 分类账簿

简 答 题

1. 什么是会计账簿? 它有何作用?

2. 日记账、分类账和备查簿有什么区别?

3. 什么是特种日记账? 为什么要设置特种日记账?

4. 明细分类账有哪几种格式?

5. 更正错账的方法有哪几种?

6. 账簿的更换和启用要注意哪些方面?

论 述 题

1. 为什么登记账簿要遵守记账规则? 记账规则的内容主要有哪些方面?

2. 为什么要进行对账? 应从哪几个方面开展对账工作?

业 务 计 算 题

习 题 一

(一) 目的　练习登记银行存款日记账和现金日记账。

(二) 资料　某企业201×年7月31日银行存款日记账余额为300 000元;现金日记账的余额为3 000元。该企业8月上旬发生下列银行存款和现金收付业务(假定不考虑增值税):

1. 1日,投资者投入现金25 000元,存入银行(银收801号)。

2. 1日,以银行存款10 000元归还短期借款(银付801号)。

3. 2日,以银行存款20 000元偿付应付账款(银付802号)。

4. 2日,将现金1 000元存入银行(现付801号)。

5. 3日,用现金暂付职工差旅费800元(现付802号)。

6. 3日,从银行提取现金2 000元备用(银付803号)。

7. 4日,收到应收账款50 000元存入银行(银收802号)。

8. 5日,以银行存款40 000元支付购买材料款(银付804号)。

9. 5日,以银行存款1 000元支付购入材料运费(银付805号)。

10. 6日,从银行提取现金18 000元,准备发放工资(银付806号)。

11. 6日,用现金18 000元发放职工工资(现付803号)。

12. 7日,以银行存款支付本月电费1 800元(银付807号)。

13. 8日,销售产品一批,货款51 750元存入银行(银收803号)。

14. 9日,用银行存款支付销售费用410元(银付808号)。

15. 10日,用银行存款上交销售税金3 500元(银付809号)。

(三) 要求 登记银行存款日记账和现金日记账,并结出10日的累计余额。

习 题 二

(一) 目的 练习错账更正方法。

(二) 资料 某企业将账簿记录与记账凭证进行核对时,发现下列经济业务内容的账簿记录有误:

1. 开出600元现金支票,支付企业管理部门日常办公开支。原编记账凭证的会计分录为:

借:管理费用——办公费	600
贷:库存现金	600

2. 签发3 000元转账支票,支付本季度办公用房租金。原编记账凭证的会计分录为:

借:销售费用——租赁费	3 000
贷:银行存款	3 000

3. 结转本月实际完工产品的生产成本 49 000 元。原编记账凭证的会计分录为:

借:库存商品 94 000
　　贷:生产成本 94 000

4. 购入甲材料一批,计货款 7 535.05 元(含增值税,税率为 13%)。原编记账凭证的会计分录为:

借:在途物资——甲材料 7 535.05
　　贷:银行存款 7 535.05

5. 计提本月固定资产折旧费 4 100 元。原编记账凭证的会计分录为:

借:管理费用——折旧费 1 400
　　贷:银行存款 1 400

6. 结算本月应付职工工资,其中生产工人工资为 14 000 元,管理人员工资为 3 400 元。原编记账凭证的会计分录为:

借:生产成本 1 400
　　管理费用 340
　　贷:应付职工薪酬——工资 1 740

7. 结转本期商品销售收入 480 000 元。原编记账凭证的会计分录为:

借:本年利润 450 000
　　贷:主营业务收入 450 000

8. 用银行存款支付所欠供货单位货款 7 600 元。原编会计分录为:

借:应付账款——××单位 6 700
　　贷:银行存款 6 700

9. 以现金支付采购人员差旅费 2 000 元。原编记账凭证的会计分录为：

借：其他应付款——×××　　　　　　　　　　　　　2 000
　　贷：库存现金　　　　　　　　　　　　　　　　　　2 000

10. 车间管理人员出差回来报销差旅费 1 900 元，交回现金 100 元，予以转账。原编记账凭证的会计分录为：

借：管理费用——差旅费　　　　　　　　　　　　　1 900
　　库存现金　　　　　　　　　　　　　　　　　　　100
　　贷：其他应收款——×××　　　　　　　　　　　2 000

(三) 要求　将上列各项经济业务的错误记录，分别以适当的更正错账方法予以更正。

习 题 三

(一) 目的　练习审查记账凭证，改正错误的方法。

(二) 资料

1. 某企业 201×年 8 月份发生下列经济业务：

(1) 向银行借款 300 000 元，存入银行存款户。

(2) 用现金支票支付房租 2 000 元。

(3) 生产车间领用一般消耗性材料 650 元。

(4) 以 780 元转账支票支付购料运杂费。

2. 根据上述经济业务，编制下列记账凭证(以会计分录代)：

(1) 借：银行存款　　　　　　　　　　　　　　　300 000
　　　　贷：银行借款　　　　　　　　　　　　　　　300 000

(2) 借：管理费用　　　　　　　　　　　　　　　　2 000
　　　　贷：库存现金　　　　　　　　　　　　　　　2 000

(3) 借：制造费用　　　　　　　　　　　　　　　　560
　　　　贷：原材料　　　　　　　　　　　　　　　　560

（4）借：在途物资　　　　　　　　　　　　　　870
　　　　贷：银行存款　　　　　　　　　　　　　　　　　870

3. 根据以上所编会计分录登记入账：

借方	银行存款	贷方		借方	银行借款	贷方
①	30 000	④	870		①	300 000

借方	管理费用	贷方		借方	库存现金	贷方
②	2 000				②	2 000

借方	制造费用	贷方		借方	原材料	贷方
③	560				③	560

借方	在途物资	贷方
④	870	

（三）要求　根据上述资料审查记账有无错误，如有错误，以正确的更正方法予以更正。

习　题　四

（一）目的　练习查找错账。

（二）资料

1. 某公司201×年4月份银行存款日记账记录如下：

单位：元

201×年		摘　要	对方科目	收　入	付　出	结　余
月	日					
4	1	上月结存				156 000
	1	接受投资	实收资本	100 000		256 000
	3	归还短期借款	短期借款		150 000	106 000

(续表)

201×年		摘　　要	对方科目	收　入	付　出	结　余
月	日					
4	4	提现	库存现金		18 000	88 000
	4	销货款收入	主营业务收入	7 185		95 185
	6	支付材料款	材料采购		23 400	71 785
	7	支付采购费用	材料采购		100	71 685
	8	提现	库存现金		2 000	69 685
	10	支付修理费	管理费用		4 500	65 185
	12	现金解入	库存现金	15 000		80 185
	18	支付销售费	销售费用		500	79 685
	20	销货款收入	主营业务收入	21 600		101 285
	25	收回A公司欠款	应收账款	23 400		124 685
	28	归还甲工厂材料款	应付账款		34 800	89 885
	30	交纳税款	应交税费		12 214.50	77 670.50
4	30	累计发生额及余额		167 185	245 514.50	77 670.50

2. 该公司总分类账上"银行存款"账户期末余额为141 435.50元，两账不符。

（三）**要求**　找出两账不符的原因。

八、账务处理程序

填 空 题

1. 各种会计核算程序的主要区别在于登记_____的依据不同。

2. 目前我国一般采用的会计核算程序有_____、_____、_____、_____和_____。

3. 汇总收款凭证按"库存现金"或"银行存款"科目的_____设置;汇总付款凭证按"库存现金"或"银行存款"科目的_____设置。

4. 采用记账凭证核算程序,其记账凭证一般采取_____、_____和_____三种格式。

5. 会计核算程序是_____和_____的结合。

6. 记账凭证核算程序的主要特点是根据_____逐笔登记_____。

7. 科目汇总表的_____与汇总总账凭证相似,但两者的_____不同。

8. 汇总记账凭证核算程序的优点在于_____和简便记账凭证的整理归类工作。

单 项 选 择 题

1. 科目汇总表与汇总记账凭证的共同优点是_____。
   A. 保持科目之间的对应关系　　B. 简化总分类账登记工作
   C. 进行发生额试算平衡　　　　D. 总括反映同类经济业务

2. 科目汇总表核算程序适用于_____。
   A. 规模较小,业务较少的单位
   B. 规模较小,业务较多的单位
   C. 规模较大,业务较多的单位

D. 规模较大,业务较少的单位
3. 汇总记账凭证核算程序的主要缺点在于_____。
   A. 不利于会计分工
   B. 不能反映经济业务
   C. 不能保持科目之间的对应关系
   D. 不能节省会计工作时间
4. 各种会计核算程序的主要区别在于_____。
   A. 汇总的记账凭证不同　　B. 登记总账的依据不同
   C. 汇总的凭证格式不同　　D. 节省工作时间不同
5. 多栏式日记账核算程序适用于_____的单位。
   A. 规模较小,业务较少　　B. 规模较大,业务较多
   C. 规模较大,业务较少　　D. 会计科目不多
6. _____核算程序适用于规模较小、业务量不多的单位。
   A. 记账凭证　　　　　　B. 汇总记账凭证
   C. 科目汇总表　　　　　D. 多栏式日记账
7. 设计会计核算程序是_____一项重要内容。
   A. 会计凭证设计　　　　B. 会计制度设计
   C. 会计账簿设计　　　　D. 会计报表设计
8. 科目汇总表核算程序的缺点是_____,不便于了解经济活动内容。
   A. 不利于会计核算分工　　B. 不能进行试算平衡
   C. 反映不出账户对应关系　　D. 限制会计科目数量

多项选择题

1. 账簿的组织形式包括_____。
   A. 账簿的种类　　　　　B. 账户的名称
   C. 账簿之间的关系　　　D. 账簿的格式
   E. 账簿的登记　　　　　F. 凭证的填制
2. 合理组织会计核算程序的重要意义在于_____。

A. 保证会计核算质量 B. 扩大企业规模
C. 节省核算工作人力物力 D. 增强竞争能力
E. 提高服务质量 F. 提高经济效益

3. 记账凭证核算程序的缺点在于_____。

    A. 工作量大 B. 不易反映账户对应关系
    C. 不便于分工 D. 不适用业务简单的单位
    E. 不便于试算平衡 F. 反映内容不详细

4. 汇总记账凭证核算程序的优点在于_____。

    A. 反映内容详细 B. 简化总账登记
    C. 手续简便 D. 便于试算平衡
    E. 能反映账户对应关系 F. 简便记账凭证整理归类

5. 科目汇总表核算程序的优点在于_____。

    A. 手续简便 B. 简化总账登记
    C. 反映内容详细 D. 便于试算平衡
    E. 能反映账户对应关系 F. 简便记账凭证整理归类

6. 多栏式日记账核算程序的优点在于_____。

    A. 手续简便 B. 效率较高
    C. 能反映账户对应关系 D. 适用业务过繁单位
    E. 直接登记总账 F. 能适应过多的会计科目

7. 日记总账核算程序的特点在于_____。

    A. 日记账和总账合一
    B. 所有科目集中一张账页
    C. 根据日记账登记总账
    D. 汇总每一账户的借方、贷方发生额
    E. 设计科学合理
    F. 逐日逐笔登记转账凭证

8. 会计核算基本模式包括_____的核算程序。

    A. 会计凭证 B. 账户账簿

C. 凭证汇总表 D. 试算平衡表
E. 科目汇总表 F. 会计报表

判断并改错题

1. 记账凭证核算程序适用于规模较大、业务较多的单位。（   ）
2. 科目汇总表核算程序和汇总记账凭证核算程序的主要相同点在于汇总凭证的格式相同。（   ）
3. 汇总记账凭证核算程序的主要缺点在于保持科目之间的对应关系。（   ）
4. 由于各企业的业务性质、规模大小、业务繁简各有不同,所以它们所采用的会计核算程序也就有所不同。（   ）
5. 同一个企业可以同时采用几种不同的会计核算程序。（   ）
6. 各种会计核算程序的相同之处在于其基本模式不变。（   ）
7. 科目汇总表核算程序的优点在于能反映账户对应关系。（   ）
8. 汇总记账凭证核算程序的优点在于可及时了解资金运动状况。（   ）

名 词 解 释

1. 账簿组织形式 2. 记账步骤
3. 会计核算形式 4. 记账凭证核算程序
5. 汇总记账凭证核算程序 6. 科目汇总表核算程序
7. 多栏式日记账核算形式 8. 日记总账核算形式

简 答 题

1. 目前我国企业采用的会计核算程序有哪几种?
2. 记账凭证核算程序的内容和特点是什么?
3. 汇总记账凭证核算程序的内容和特点是什么?
4. 科目汇总表核算程序的内容和特点是什么?
5. 多栏式日记账核算程序的内容和特点是什么?
6. 汇总记账凭证核算程序和科目汇总表核算程序两者有何不同?

论 述 题

1. 什么是会计核算程序？企业应如何合理组织本单位的会计核算程序？

2. 为什么说合理的会计核算程序对提高经济管理具有重要意义？

业务计算题

习 题 一

(一) 目的 练习记账凭证会计核算程序。

(二) 资料

1. 某企业201×年5月初各账户余额如下：

单位：元

账 户 名 称	借方余额	账 户 名 称	贷方余额
库存现金	1 400	累计折旧	162 700
银行存款	54 600	短期借款	50 000
应收账款	122 100	应付账款	31 600
其他应收款	1 500	应付职工薪酬	10 180
原材料	167 900	应交税费	15 650
库存商品	78 540	实收资本	500 000
长期待摊费用	2 160	盈余公积	3 670
固定资产	317 800		
利润分配	27 800		
合　　　计	773 800	合　　　计	773 800

2. 该企业201×年5月份发生以下经济业务（进、销价均含增值税，税率为13%）：

(1) 向一厂购入甲材料200千克，每千克129.20元，计29 199.20元，货款以银行存款支付。

(2) 以现金支付甲材料运杂费160元。

(3) 甲材料200千克验收入库，按实际成本转账。

(4) 以银行支票15 200元交纳上月增值税。

(5) 以银行支票 30 000 元归还临时借款。

(6) 收到二厂还来货款 36 000 元,四厂还来货款 60 000 元存入银行。

(7) 以现金 100 元购入劳防用品,当即交车间使用。

(8) 仓库发出乙材料 460 千克,每千克进价为 100 元,其中 300 千克用以制造 B 产品,160 千克用于制造 A 产品。

(9) 购入新机器一台,价值 70 000 元,以银行支票支付。

(10) 售予二厂 A 产品 300 件,每件售价为 203.40 元,计价款 61 020 元,尚未收到。

(11) 售予四厂 B 产品 100 件,每件售价为 452 元,计价款 45 200 元,尚未收到。

(12) 购入即用的销售包装纸箱 100 只,每只进价为 16 元,以银行存款支付。

(13) 仓库发出甲材料 100 千克,每千克进价为 130 元,用于制造 A 产品。

(14) 以银行支票支付车间文具用品 328 元。

(15) 以现金 80 元支付销售产品运杂费。

(16) 购入丁材料 100 千克,验收入库,价款 2 712 元以银行支票支付,同时按实际成本转账。

(17) 仓库发出车间一般耗用的丁材料 40 千克,每千克 24 元。

(18) 向三厂购入乙材料 200 千克,价款为 22 328.80 元,以银行支票支付。

(19) 以银行支票支付乙材料运输、装卸费 240 元。

(20) 乙材料 200 千克验收入库,按实际成本转账。

(21) 仓库发出甲材料 200 千克,每千克进价为 130 元,用于制造 B 产品。

(22) 向五厂购入丙材料 300 千克,价款为 13 560 元,尚未支付货款,材料未到。

(23) 以银行存款支付丙材料价款 13 560 元。上述丙材料 300 千克验收入库,按实际成本转账。

(24) 开出银行支票 1 000 元,提取现金。

(25) 以银行支票 330 元购买管理部门办公用品。

(26) 售出 A 产品 200 件,价款 40 680 元存入银行。

(27) 以现金 40 元支付销售 A 产品装卸搬运费。

(28) 收到二厂货款 61 020 元存入银行。

(29) 收到四厂货款 45 200 元存入银行。

(30) 向三厂购入乙材料 300 千克,价款 33 900 元,以银行支票支付。

(31) 乙材料 300 千克已验收入库,按实际成本转账。

(32) 售出 B 产品 150 件,价款 67 800 元存入银行。

(33) 以现金支付 B 产品销售运杂费 50 元。

(34) 购入会计用账表凭证 60 元,车间用文具用品 84 元,分别以现金支付。

(35) 仓库发出丙材料 150 千克,其中 50 千克用于制造 A 产品,100 千克用于制造 B 产品。丙材料成本每千克 40 元。

(36) 以银行支票 450 元支付车间水电费。

(37) 管理部门人员出差回来报销差旅费 1 290 元,已借支 1 500 元,余款交回现金。

(38) 经批准报废清理旧机器一台,原值为 16 000 元,已提折旧 15 360 元。

(39) 以银行支票支付报废机器清理费用 320 元。

(40) 报废机器残料出售,收入价款 1 040 元存入银行。

(41) 报废机器净收入 80 元转入营业外收入处理。

(42) 向银行提取现金 38 000 元,用以发放工资。

(43) 以现金 38 000 元发放工资。

(44) 售予二厂 A 产品 100 件,价款 40 680 元,尚未收到。

(45) 以现金 30 元支付 A 产品销售搬运费。

(46) 以银行支票支付职工医药费 3 120 元。

(47) 以银行支票支付本月份电费 4 770 元,其中车间生产用电 3 978 元,管理部门用电 792 元。

(48) 以银行支票支付本月份水费 380 元,其中车间用水 216 元,管理部门用水 164 元。

(49) 结算本月职工工资 38 000 元,其中生产工人工资 27 200 元(A 产品工人工资 12 800 元,B 产品工人工资 14 400 元),车间技术、管理人员工资 5 800 元,行政管理部门工资 5 000 元。

(50) 计提本月固定资产折旧 3 780 元,其中车间用固定资产折旧 2 500 元,行政管理部门固定资产折旧 1 280 元。

(51) 以现金支付本月份应负担的租赁费 240 元。

(52) 以银行存款支付本季应负担银行借款利息 600 元。

(53) 结转本月份制造费用,按生产工人工资比例分配计入 A、B 产品生产成本。

(54) 结转已完工 A 产品 300 件,B 产品 400 件的实际生产成本。

(55) 结算本月应付消费税 11 300 元。

(56) 结转已销产品生产成本:A 产品每件 147.00 元,B 产品每件 274.72 元。

(57) 结转各项收入账户余额。

(58) 结转各项支出账户余额。

(59) 计算利润总额,按利润总额的 25% 计算和结转应交所得税。

(60) 将本年利润的税后余额转入"利润分配"账户。

(61) 按税后利润的 10% 计提法定盈余公积。

(三) 要求 材料采购成本采用"材料采购"账户核算。

1. 根据资料 1 开设总分类账户,登记期初余额。

2. 根据资料 2 编制记账凭证,登记总分类账,并结出期末余额(记账凭证以会计分录代替)。

3. 编制总分类账户本期发生额及余额表(试算平衡表)。

习 题 二

(一) 目的 练习科目汇总表编制方法。

(二) 资料 按习题一资料2的记账凭证按科目汇总。

(三) 要求 编制科目汇总表(表式如下):

会计科目	总账页数	本期发生额		记账凭证起止号数
		借 方	贷 方	
×××				
×××				
合 计				

九、财 产 清 查

填 空 题

1. 财产物资的盘存制度有_____和_____两种。
2. 财产清查按清查对象和范围分,可以分为_____和_____。
3. 财产清查按时间分,可分为_____和_____两种。
4. 清查库存现金是通过_____进行的。
5. 用来核算财产清查中所发现的各项财产物资的盘盈、盘亏及其处理情况的账户是_____。
6. 银行存款的清查主要是通过_____与_____核对进行的。
7. 无法收回的应收款项,经批准后作_____处理。
8. 通过财产清查可以做到_____相符、_____相符。

单 项 选 择 题

1. 对各项财产的增减变化,根据会计凭证连续记载并随时结出余额的制度是_____。

   A. 实地盘存制 B. 应收应付制
   C. 永续盘存制 D. 实收实付制

2. 清查中发现商品短缺的原因是由于工作中的收发差错,应计入_____。

   A. 管理费用 B. 其他应收款
   C. 营业外支出 D. 生产成本

3. 清查中财产盘亏是由于保管人员失职所造成,应计入_____。

   A. 管理费用 B. 其他应收款

C. 营业外支出 D. 生产成本

4. 清查中财产盘亏是由于自然灾害所造成,应计入_____。

   A. 管理费用 B. 其他应收款

   C. 营业外支出 D. 生产成本

5. 对原材料、库存商品盘点后应编制_____。

   A. 实存账存对比表 B. 盘点表

   C. 余额调节表 D. 对账单

6. 坏账损失是指_____。

   A. 营业外支出 B. 其他业务支出

   C. 无法支付的应付款项 D. 无法收回的应收款项

7. 在财产清查中发现库存材料实存数小于账面数,其原因为自然损耗所致,经核销后应列作_____处理。

   A. 增加坏账损失 B. 增加管理费用

   C. 减少管理费用 D. 增加营业外支出

8. 在企业撤销或合并时,对企业的财产物资应进行_____。

   A. 全面清查 B. 定期清查

   C. 局部清查 D. 重点清查

多项选择题

1. 下列方法中,适用于实物盘点的有_____。

   A. 实地盘存法 B. 先进先出法

   C. 永续盘存法 D. 后进先出法

   E. 最后进价法 F. 加权平均法

2. 下列方法中,适用于财产物资清查的有_____。

   A. 抽查细点 B. 技术推算

   C. 征询对账 D. 目测估计

   E. 大件清点 F. 分处盘点

3. 下列情况中,属于企业与银行之间的未达账项的有_____。

   A. 银行已收,企业未收 B. 银行已付,企业未付

C. 银行已收,企业已收　　D. 企业已收,银行未收
E. 企业已付,银行未付　　F. 银行未付,企业未付

4. 下列技术方法中,适用于检查错账的有_____。

A. 局部检查法　　　　　B. 顺向检查法
C. 补充检查法　　　　　D. 记账方向相反检查法
E. 逆向检查法　　　　　F. 数字错位检查法

5. 下列财产损益情况中,经批准后在账务处理上可作增减"管理费用"处理的有_____。

A. 固定资产丢失　　　　B. 材料自然损耗
C. 出纳丢失现金　　　　D. 材料盘盈
E. 人为造成坏账损失　　F. 保管员多发材料

6. 财产清查按清查对象和范围分为_____。

A. 全面清查　　　　　　B. 定期清查
C. 不定期清查　　　　　D. 实地清查
E. 局部清查　　　　　　F. 逆向清查

7. 下列方法中,属于局部清查方法的有_____。

A. 项目清查　　　　　　B. 临时清查
C. 定期清查　　　　　　D. 轮流清查
E. 重点清查　　　　　　F. 实地清查

8. 下列情况中,可以进行不定期清查的有_____。

A. 财产物资保管人员变动　B. 发生自然灾害
C. 发生材料盘缺　　　　D. 企业兼并破产
E. 发生贪污盗窃　　　　F. 发生账账不符

判断并改错题

1. 企业撤销或兼并时,要对企业的部分财产进行重点清查。(　　)

2. 永续盘存制对企业各项财产物资的增减变动,平时只登记增加数,不登记减少数。(　　)

3. 定期清查财产一般在结账以后进行。(　　)

4. 银行存款的清查应采取与开户银行核对账目的方法进行。(　)

5. 财会部门对清查财产中所发现的差异,应及时进行账簿记录的调整。　　　　　　　　　　　　　　　　　　　　　(　)

6. 坏账损失经批准后可直接冲减"坏账准备"账户,不需通过"待处理财产损溢"账户。　　　　　　　　　　　　　　　(　)

7. 未达账项只在企业与银行之间发生,企业与其他企业之间不会发生未达账项。　　　　　　　　　　　　　　　　　(　)

8. 盘点实物时,发现账面数额大于实存数,即为盘盈。　(　)

名 词 解 释

1. 全面清查　　　　　　2. 局部清查
3. 永续盘存制　　　　　4. 实地盘存制
5. 实地盘点　　　　　　6. 坏账损失
7. 财产清查　　　　　　8. 未达款项

简 答 题

1. 库存现金和银行存款在清查中可能会出现什么问题? 如何解决?

2. 如果遇到数量多、体积庞大、难以盘点的物资,如何确保其数量和质量?

3. 财产清查的结果如有差异,在账务上应如何处理?

4. 试述财产清查前的准备工作。

5. 什么是未达账项? 其一般有哪几种情况?

6. 试述财产清查结果的业务处理。

论 述 题

1. 财产清查有什么意义?

2. 永续盘存制与实地盘存制有什么区别? 它们分别在哪些条件下适宜采用?

业务计算题

习 题 一

(一)目的　练习银行存款对账方法。

(二)资料

1. 某企业201×年7月31日银行存款的账面余额为535 000元,开户银行送来对账单,其银行存款余额为508 000元。经查对,发现有以下几笔未达账项:

(1) 7月30日,委托银行收款50 000元,银行已收入企业银行存款户,收款通知尚未送达。

(2) 7月30日,企业开出现金支票一张,计1 600元,企业已减少银行存款,银行尚未记账。

(3) 7月31日,银行为企业支付电费1 000元,银行已入账,减少企业存款,企业尚未记账。

(4) 7月31日,企业收到外单位转账支票一张,计64 000元,企业已收账,银行尚未记账。

2. 某企业201×年8月25~30日银行存款账面记录:

25日,开出支票#1246,支付购入材料运费300元。

25日,开出支票#1248,支付购入材料价款39 360元。

27日,存入销货款转账支票40 000元。

28日,开出支票#1249,支付委托外单位加工费16 800元。

30日,存入销货款转账支票28 000元。

30日,开出支票#1252,支付机器修理费376元。

30日,银行存款账面结存余额42 594元。

银行对账单记录:

27日,支票#1248付出	39 360元
28日,转账收入	40 000元
28日,代交电费	3 120元
28日,支票#1246付出	300元
29日,存款利息收入	488元
29日,代收浙江货款	11 820元
30日,支票#1249付出	16 800元

30日,结存余额 24 158元

(三) 要求

1. 根据资料1所述未达账项,编制银行存款余额调节表,确立企业月末实际可用的银行存款余额。假定银行对账单所列企业存款无误,未达账项也由双方查明无误,在编制调节表时所发现的错误数额是多少元?企业银行存款的账面余额应是多少元?

2. 根据资料2查明银行存款记录与银行对账单不符原因,编制银行存款余额调节表。

习 题 二

(一) 目的　练习财产清查结果的会计处理。

(二) 资料　某年终进行财产清查,在清查中发现下列事项:

1. 盘亏水泵一部,原价5 200元,账面已提折旧1 400元。

2. 发现账外机器一台,估计重置价10 000元,现值6 000元。

3. 甲材料账面余额455千克,价值19 110元。盘点实际存量为450千克,经查明其中3千克为定额损耗,2千克为日常收发计量差错。

4. 乙材料账面余额166千克,价值5 312元,盘点实际存量为161千克,缺少数为保管人员失职造成的散失。

5. 丙材料盘盈25千克,每千克30元,经查明其中20千克为代兄弟厂加工剩余材料,该厂未及提回,其余属于日常收发计量差错。

6. 经检查其他应收款账目,有某运输公司欠款250元,属于委托该公司运输材料,由于装卸工疏忽而造成的损失。已确定由该公司赔偿,但该运输公司已撤销,无法收回。

上列各项盘盈、盘亏和损失,经查原因属实,报请领导审核批准,作如下处理:

1. 盘亏水泵系因自然灾害招致毁损,作非常损失处理。

2. 账外机器尚可使用,交车间投入生产,作增加营业外收入处理。

3. 材料定额内损耗及材料收发计量错误,均列入管理费用处理。

4. 保管人员失职造成材料短缺损失,责成过失人赔偿。

5. 无法收回的应收款项,作坏账损失处理。

(三) 要求

1. 将上列清查结果,编制审批前的会计分录。

2. 根据报请批准处理的结果,编制会计分录。

3. 列示"待处理财产损溢"账户的具体内容。

习 题 三

(一) 目的 练习财产盘盈、盘亏的处理。

(二) 资料 某企业(小规模纳税人)在财产清查过程中发现以下问题:

1. 业务部门盘缺电子计算机 1 台,原值 19 000 元,已提折旧 9 500 元。

2. 服装组实地盘点库存商品,发现女服装账面余额为 128 箱,实际存量为 126 箱,短缺 2 箱,每箱进价 450 元。

3. 家电组实地盘点库存商品,发现 25 英寸电视机存量为 28 台,而账面余额为 27 台,盘盈 1 台,进价 2 100 元。

4. 出纳处库存现金经盘点短缺 36.80 元。

5. 经核对客户往来账目,查明 A 公司已撤销,所欠货款 540 元已无法收回,经报请批准作为坏账处理。

6. 上述盘点溢缺原因,已经查明报请批准,处理意见如下:

(1) 盘亏电子计算机系搬迁中遗失,列作营业外支出。

(2) 服装短缺 2 箱系保管人丢失,应由过失人赔偿。

(3) 25 英寸电视机盘盈 1 台系供货单位多发,已交供货单位收回。

(4) 库存现金短缺 36.80 元,应由过失人赔偿。

(三) 要求 编制会计分录。

十、财务会计报告

填 空 题

1. 编制财务会计报告的质量要求是_____、_____、_____和_____。

2. 现金流量表是在_____和_____已经反映企业财务状况和经营成果信息的基础上进一步提供财务状况变动的信息。

3. 现金流量表的编制方法有_____和_____两种。

4. 利润总额＝_____＋_____－营业外支出。

5. 营业利润＝营业收入－营业成本－_____－_____＋_____。

6. 现金流量表是反映企业在一定期间_____的_____的财务报表。

7. 资产负债表的资产类项目按其流动性顺序排列为_____和_____。

8. 汇总财务会计报告是根据_____和_____汇总而成的。

单项选择题

1. 编制资产负债表的主要依据是_____。
   A. 资产、负债和所有者权益类各账户的本期发生额
   B. 各损益类账户的本期发生额
   C. 各损益类账户的期末余额
   D. 各资产、负债和所有者权益账户的期末余额

2. 编制利润表的主要依据是_____。
   A. 资产、负债和所有者权益各账户的本期发生额

B. 资产、负债和所有者权益各账户的期末余额

C. 损益类各账户的本期发生额

D. 损益类各账户的期末余额

3. 资产负债表"未分配利润"项目应根据"_____"账户的期末余额填列。

　　A. 本年利润　　　　　　　B. 利润分配

　　C. 本年利润、利润分配　　D. 应付股利

4. 资产负债表中的资产项目应按其_____程度强弱顺序排列。

　　A. 流动性　　　　　　　　B. 重要性

　　C. 变动性　　　　　　　　D. 盈利性

5. 资产负债表中"长期待摊费用"项目，应根据"预提费用"账户的_____填列。

　　A. 期末借方余额　　　　　B. 期末贷方余额

　　C. 期末借方或贷方余额　　D. 借方累计发生额

6. 资产负债表是根据_____这一会计等式编制的。

　　A. 资金占用＝资金来源

　　B. 收入－支出＝利润

　　C. 资产＝负债＋所有者权益

　　D. 资金占用＋费用成本＝资金来源＋收入

7. 利润表是反映企业_____的报表。

　　A. 利润(或亏损)　　　　　B. 财务状况

　　C. 现金流量　　　　　　　D. 利润分配

8. 支付给在建工程人员的工资,应填现金流量表的"_____"项目。

　　A. 支付给职工以及为职工支付的现金

　　B. 购建固定资产、无形资产和其他长期资产所支付的现金

　　C. 支付的各项税费

　　D. 购买商品接受劳务支付的现金

多 项 选 择 题

1. 下列指标中,可用于分析评价企业偿债能力的有_____。
   A. 流动比率　　　　　　B. 资产负债率
   C. 存货周转率　　　　　D. 速动比率
   E. 流动资产周转率　　　F. 总资产报酬率

2. 下列指标中,可用于分析评价企业营运能力的有_____。
   A. 流动资产周转期　　　B. 速动比率
   C. 存货周转率　　　　　D. 应收账款周转期
   E. 资产负债率　　　　　F. 资本收益率

3. 下列指标中,可用于分析评价企业盈利能力的有_____。
   A. 总资产报酬率　　　　B. 资本收益率
   C. 资产负债率　　　　　D. 流动比率
   E. 销售利润率　　　　　F. 流动资产周转率

4. 下列报表中,属于财务会计报告附属报表的有_____。
   A. 固定资产明细表　　　B. 所有者权益增减变动表
   C. 利润表　　　　　　　D. 利润分配表
   E. 现金流量表　　　　　F. 资产负债表

5. 编制财务会计报告的质量要求包括_____。
   A. 数字真实　　　　　　B. 文字清晰
   C. 说明清楚　　　　　　D. 内容简要
   E. 内容完整　　　　　　F. 报送及时

6. 下列账户中,可根据其期末余额填制资产负债表的有"_____"。
   A. 货币资金　　　　　　B. 应收票据
   C. 坏账准备　　　　　　D. 短期借款
   E. 存货　　　　　　　　F. 实收资本

7. 下列项目中,属于存货范围的有"_____"。
   A. 工程物资　　　　　　B. 原材料
   C. 长期待摊费用　　　　D. 在途物资

E. 库存商品　　　　　　　F. 无形资产

8. 下列账户中,有关明细账户期末余额需要调整后填入资产负债表的有_____。

A. "应收账款"贷方余额　　B. "预付账款"贷方余额
C. "预付账款"借方余额　　D. "应收账款"借方余额
E. "应付账款"借方余额　　F. "应付账款"贷方余额

判断并改错题

1. 资产负债表是反映企业某一特定日期的财务状况的会计报表。（　）

2. 资产负债表中"货币资金"项目应根据银行存款日记账余额填列。（　）

3. 资产负债表中"存货"项目应根据"库存商品"账户期末余额填列。（　）

4. 利润表能够反映企业的偿债能力和支付能力。（　）

5. 资产负债表是反映资金的增加和减少的报表。（　）

6. 现金流量表是反映企业在一定会计期间的现金和现金等价物流入和流出的会计报表。（　）

7. 资产负债表是根据"资金占用＝资金来源"这一会计等式编制的。（　）

8. 流动比率是流动资产与流动负债的比率。（　）

名 词 解 释

1. 财务会计报告　　　　　2. 资产负债表
3. 利润表　　　　　　　　4. 现金等价物
5. 现金流量表　　　　　　6. 流动资产
7. 营运资金　　　　　　　8. 未分配利润

简 答 题

1. 什么是财务会计报告?
2. 什么是中期财务会计报告? 它包括哪些内容?

3. 编制会计报表有哪些要求?
4. 什么是资产负债表?其基本内容是什么?
5. 什么是利润表?其基本内容是什么?
6. 什么是现金流量表?其基本内容是什么?

论 述 题

1. 为什么企业要进行账务状况分析?其分析的主要内容是什么?
2. 为什么要对财务会计报告进行审核?其审核的主要内容是什么?

业 务 计 算 题

习 题 一

(一) 目的 练习企业资产负债表和利润表的编制。

(二) 资料

1. 某企业201×年6月底各账户期末余额如下:

单位:元

账户名称	借方余额	账户名称	贷方余额
库存现金	350	短期借款	41 000
银行存款	76 700	应付账款	4 050
应收账款	7 000	其他应付款	8 700
其他应收款	750	应付职工薪酬	11 100
原材料	349 800	应交税费	39 670
生产成本	36 000	累计折旧	230 500
库存商品	57 900	本年利润	158 765
固定资产	628 500	实收资本	721 000
利润分配	95 785	盈余公积	38 000
合　　计	1 252 785	合　　计	1 252 785

2. 有关明细资料如下:各损益账户累计余额有:"主营业务收入" 1 144 900元,"主营业务成本" 944 280元,"税金及附加" 64 320元,

"销售费用"14 600元,"其他业务收入"35 000元,"其他业务成本"31 500元,"营业外收入"800元,"营业外支出"5 000元,"管理费用"20 800元,"财务费用"6 200元。

(三)要求

1. 根据资料1和资料2编制资产负债表。
2. 根据资料1和资料2编制利润表。
3. 所编制的资产负债表和利润表中的关系数字必须核对相符。

习 题 二

(一)目的 练习企业资产负债表和利润表的编制。

(二)资料

1. 某批零兼营企业上年12月31日各账户余额如下:

单位:元

账户名称	借方金额	账户名称	贷方余额
库存现金	1 200	商品进销差价	135 000
银行存款	246 200	短期借款	720 000
其他货币资金	6 000	应付账款	171 300
交易性金融资产	125 000	其他应付款	27 200
应收票据	42 000	应付职工薪酬	55 620
应收账款	360 000	累计折旧	90 000
其他应收款	9 640	应交税费	121 710
库存商品	2 122 680	应付股利	102 290
包装物	57 080	长期借款	108 000
低值易耗品	38 100	实收资本	2 160 000
长期待摊费用	8 400	资本公积	27 660
长期股权投资	225 000	盈余公积	247 200
固定资产	734 000	利润分配——未分配利润	9 320

2. 该企业201×年1～12月各损益账户发生额如下：

单位：元

账 户 名 称	1～11月发生额	12月份发生额
主营业务收入	17 659 800	1 962 200
其他业务收入	351 000	39 000
投资收益	27 000	3 000
营业外收入	41 760	4 640
主营业务成本	15 755 400	1 750 600
销售费用	347 580	38 620
税金及附加	184 140	20 460
其他业务成本	225 000	25 000
管理费用	201 600	22 400
财务费用	75 060	8 340
营业外支出	37 980	4 220

(三) 要求

1. 编制本年12月31日资产负债表。
2. 计算年度利润总额、应交所得税额（所得税税率为25%）和净利润。
3. 编制年度利润表。

习 题 三

(一) 目的　练习现金流量表的编制。

(二) 资料　A公司201×年期末有关账户的收支和结存情况如下：

1. 经营活动产生的现金流量：

(1) 本期收到主营业务收入现金（包括银行存款，下同）226万元，支付客户退货现金6万元，应收账款期初余额46.8万元，期末余额30万元（减少16.8万元），应收票据期初余额20万元，期末余额16万元

(减少4万元)。

以上项目包括随货款一起收到的增值税款。

(2) 收到出口商品退回增值税5万元,消费税2万元。

(3) 本期购入原材料,支付现金113万元,支付前期进货应付票据10.34万元。

(4) 本期支付经营人员工资6万元(含补贴)。

(5) 向税务部门交纳增值税款26.8万元,交纳所得税款24万元。

(6) 本期收入其他经营活动有关的现金3万元,支出16万元。

2. 投资活动产生的现金流量：

(1) 本期收到某项债券到期本金20万元,债券利息6万元,存入银行。

(2) 本期购进生产设备两套,支付现金22万元(含增值税)。

(3) 本期出售旧设备一套,原值为40万元,已提折旧20万元,收到现金30万元,支付运输费用1万元。

3. 筹资活动产生的现金流量：

(1) 向银行借入长期借款收到现金20万元。

(2) 偿还银行短期借款10万元,支付利息1.6万元。

(三) 要求　编制A公司201×年度现金流量表。

习 题 四

(一) 目的　练习财务分析评价指标的运用。

(二) 资料　某企业201×年度有关数据资料如下：

单位：万元

1. 流动资产	288	6. 负债总额	175
2. 流动负债	120	7. 销售成本	1 750
3. 速动资产	150	8. 平均存货	138
4. 资产总额	375	9. 利润额	90
5. 销售收入	1 960	10. 实收资本	200

(三) **要求** 计算下列指标：

1. 流动比率。
2. 速动比率。
3. 资产负债率。
4. 流动资产周转率。
5. 资本收益率。
6. 销售利润率。

十一、会计管理

填 空 题

1. 会计信息处理的内容包括_____、_____、_____、_____和_____。
2. 会计控制的特点有_____、_____、_____和_____。
3. 会计分析的方法主要有_____、_____、结构分析法、_____、平衡分析法、_____、相关分析法和线性规划法等。
4. 会计检查主要是对会计资料进行检查,包括_____、_____和_____。
5. 会计决策的方法有_____、_____和_____。
6. 会计决策的内容有_____、_____和_____。
7. 会计检查的作用在于_____、_____和_____。
8. 会计分析按其分析范围不同,可分为_____、_____和_____。

单项选择题

1. 因素分析法按其计算方法的不同,分为连锁替代法和_____。
   A. 相关分析法 B. 对比分析法
   C. 差额计算法 D. 结构分析法
2. 会计分析是经济活动分析的组成部分,是会计核算的_____。
   A. 前提和基础 B. 继续和发展
   C. 组成部分   D. 必要补充
3. 会计预测是个_____过程。

A. 加工和传递 B. 信息处理和反馈

C. 评价和实施 D. 对比分析和结果处理

4. 会计控制按其控制手段可分为_____。

 A. 绝对控制和相对控制

 B. 广义控制和狭义控制

 C. 资金控制、成本控制和利润控制

 D. 反馈控制、前馈控制和防护性控制

5. 开展会计电算化的单位,要建立_____。

 A. 内部监督制度 B. 电算化内部管理制度

 C. 内部稽核制度 D. 合同检查制

6. 会计检查是对企业经济活动和财务收支所进行的一种_____。

 A. 事前监督 B. 事中监督

 C. 事后监督 D. 审查稽核

7. 会计决策是会计参与_____的过程。

 A. 经营管理 B. 经营决策

 C. 财务管理 D. 营销管理

8. 会计检查的首要目的是_____。

 A. 查错防弊 B. 防护财产

 C. 强化监督 D. 拾遗补漏

多项选择题

1. 下列会计分析种类中,按分析的范围分类的有_____。

 A. 全面分析 B. 专题分析

 C. 现场分析 D. 定期分析

 E. 典型分析 F. 图表分析

2. 下列会计控制种类中,按内容分类的有_____。

 A. 资金控制 B. 成本控制

 C. 反馈控制 D. 相对控制

 E. 绝对控制 F. 利润控制

3. 会计决策的方法有_____。
   A. 差量分析法　　　　　　B. 动态分析法
   C. 决策树法　　　　　　　D. 对比分析法
   E. 决策表法　　　　　　　F. 因素分析法
4. 会计预测的内容主要有_____。
   A. 企业前景预测　　　　　B. 资金预测
   C. 成本预测　　　　　　　D. 利润预测
   E. 进货预测　　　　　　　F. 价格预测
5. 会计检查的方法主要有_____。
   A. 顺算、倒算　　　　　　B. 定性、定量
   C. 全查、抽查　　　　　　D. 比较、分析
   E. 顺查、逆查　　　　　　F. 内部、外部
6. 下列项目中,属于资金预测内容的有_____。
   A. 资金运动状况　　　　　B. 现金流量
   C. 投资效果　　　　　　　D. 资金需要量
   E. 产品销量　　　　　　　F. 成本水平
7. 现金流量预测的内容包括_____。
   A. 现金流入流出数量　　　B. 现金流入流出时间
   C. 筹资渠道　　　　　　　D. 偿债能力
   E. 投资方向　　　　　　　F. 投资回收期
8. 下列各项中,属于会计信息处理内容的有_____。
   A. 加工　　　　　　　　　B. 传递
   C. 存储　　　　　　　　　D. 记录
   E. 立卷　　　　　　　　　F. 存档

判断并改错题

1. 会计决策是会计预测的基础和前提条件。　　　　　（　　）
2. 会计预测按性质分,可以分为定性预测和定量预测。　（　　）
3. 会计控制具有完整性、适时性、确切性和普遍性的特点。（　　）

4. 会计分析方法有顺查法和逆查法、全查法和抽查法。（　）

5. 会计分析按其分析的范围不同,可以分为全面分析、专题分析和典型分析三种。（　）

6. 会计检查的作用在于查找错处,防止舞弊。（　）

7. 会计决策的方法有定性和定量两种。（　）

8. 会计控制的内容是由时间和空间综合构成的。（　）

名 词 解 释

1. 会计决策　　　　　　2. 会计检查
3. 会计信息　　　　　　4. 会计预测
5. 会计分析　　　　　　6. 会计控制
7. 会计信息处理　　　　8. 成本预测

简 答 题

1. 什么是会计信息?对会计信息应如何进行处理?
2. 什么是会计预测?它有何特点?
3. 什么是会计决策?它有哪些方法?
4. 什么是会计控制?它有何特点?
5. 怎样对企业的资金进行预测?
6. 实行会计电算化有什么优越性?

论 述 题

1. 试述会计分析的重要性。
2. 试述会计检查的意义和作用。

十二、模拟试题

模拟试题(一)

判 断 题

1. "资产＝负债＋所有者权益"这个平衡公式是资金运动的动态表现。（　）
2. 借贷记账法的记账规则确立的依据是账户的基本结构。（　）
3. 费用按其经济用途不同，可以分为生产成本、销售费用、管理费用和直接费用四大类。（　）
4. 账户按用途结构分类，"长期待摊费用"账户应属于集合分配账户。（　）
5. 从银行提取现金，一般只填制现金收款凭证。（　）

填 空 题

1. 会计基本要素包括_____、_____、_____、_____、_____和_____。
2. 会计的基本职能是_____和_____。
3. 账簿按其用途不同，可以分为_____、_____和_____。
4. 各种会计核算程序的主要区别在于_____的依据不同。
5. 资产负债表是反映企业在_____日期财务状况的报表。

选 择 题

1. 负债是指过去的交易或者事项形成的、预期会导致_____流出企业的现时义务。

  A. 货币资金　　　　　　　B. 资产或劳务
  C. 财产　　　　　　　　　D. 经济利益

2. 费用是指企业在日常活动中发生的、与向所有者分配利润无关的、会导致所有者权益减少的、_____的总流出。

　　A. 生产成本　　　　　　B. 支出耗费

　　C. 经济利益　　　　　　D. 发生损失

3. "利润分配"账户按用途和结构分类,属于_____账户。

　　A. 负债　　　　　　　　B. 所有者权益

　　C. 备抵调整　　　　　　D. 资本账户

4. 计提职工福利费的会计分录是借记有关费用成本账户,贷记"_____"账户。

　　A. 盈余公积　　　　　　B. 应付职工薪酬

　　C. 职工福利基金　　　　D. 实收资本

5. 登账以后,发现记账凭证所记金额小于正确金额,应采用_____进行更正。

　　A. 红字更正法　　　　　B. 平行登记法

　　C. 划线更正法　　　　　D. 补充登记法

名 词 解 释

1. 实地盘存制
2. 权责发生制

简 答 题

1. 简述借贷记账法的基本内容。
2. 会计上的生产成本、生产费用及支出三者有何区别?

核 算 题

1. 201×年5月31日,某企业银行存款日记账的账面余额为324 000元,银行对账单余额316 000元。经逐笔核对,发现有下列未达账项:

(1) 企业送存银行转账支票一张,金额12 800元,银行尚未入账。

(2) 银行支付到期货款98 000元,企业尚未入账。

(3) 银行收到外单位汇来货款 32 000 元，企业尚未入账。

(4) 企业开出转账支票一张，金额 70 800 元，持票人尚未到银行办理转账手续。

要求 根据上列资料编制"银行存款余额调节表"。

银行存款余额调节表

201×年 5 月 31 日　　　　　　　　单位：元

项　　目	金　额	项　　目	金　额
企业银行存款日记账余额		银行对账单余额	
调节后余额		调节后余额	

2. 201×年 6 月 14 日，管理人员王某出差借支差旅费 2 000 元，会计人员在编制记账凭证时编制现金付款凭证，会计分录为：

借：管理费用　　　　　　　　　　　　　　　　2 000
　　贷：库存现金　　　　　　　　　　　　　　　　　2 000

记账人员已根据上述凭证登记入账。

要求 更正上述错误。

3. 201×年 7 月 31 日，某商品流通企业有关账户余额如下：

"固定资产"账户借方余额 437 000 元

"累计折旧"账户贷方余额 64 000 元

"库存商品"账户借方余额 1 200 000 元（售价金额核算）

"商品进销差价"账户贷方余额 180 000 元

要求 计算固定资产净值和库存商品进价金额。

综　合　题

某企业 201×年 1 月份有关资料如下：

(1) 各账户月初余额：

单位：元

账户名称	借方余额	账户名称	贷方余额
库存现金	800	累计折旧	100 000
银行存款	10 400	短期借款	42 200
应收账款	86 000	应付账款	30 000
原材料	62 000	实收资本	500 000
库存商品	35 000		
固定资产	478 000		
合　　计	672 200	合　　计	672 200

(2) 本月发生下列经济业务（进销价含增值税，税率为13%）：

① 5日，购入材料11 300元，货款以银行存款支付。

② 7日，领用材料28 000元，用于产品生产。

③ 9日，收回购货单位前欠货款20 000元，存入银行。

④ 10日，销售商品一批，收到价款31 640元，存入银行。

⑤ 14日，以银行存款偿付前欠供应单位款项30 000元。

⑥ 15日，从银行提取现金1 000元。

⑦ 17日，以现金购买办公用品620元。

⑧ 19日，以银行存款支付电话费1 000元。

⑨ 21日，从银行提取现金10 000元，准备发放工资。

⑩ 23日，以现金支付职工工资10 000元。

⑪ 25日，销售产品一批，价款38 646元，货款未收。

⑫ 27日，以银行存款支付本月水电费2 400元，其中车间耗用2 000元，管理部门耗用400元。

⑬ 30日，以现金支付销售产品包装费1 000元。

⑭ 31日，计算分配职工工资，计生产工人8 000元，管理部门人员2 000元；同时按工资总额14%提取职工福利费。

⑮ 31日，计提本月固定资产应计折旧8 200元，其中车间固定资产应计折旧6 600元，管理部门固定资产应计折旧1 600元。

⑯ 31日，以银行存款支付本月短期借款利息348元。

⑰ 31日，以银行存款支付本月租赁费4 100元。

⑱ 31 日,结转本月制造费用 8 600 元。

⑲ 31 日,结转完工产品制造成本 45 720 元。

⑳ 31 日,结转本月销售产品的制造成本 45 000 元。

㉑ 31 日,计算本月应交消费税 3 110 元。

㉒ 将各损益账户转入"本年利润"账户。

㉓ 31 日,按利润总额的 25% 计算应交所得税。

㉔ 将本年净利润转入利润分配。

㉕ 31 日,计算分配给投资者利润,按税后利润的 20% 分给投资者,按 10% 提取法定盈余公积。

要求

(1) 根据上述资料编制 1 月份会计分录。

(2) 计算 1 月份利润总额。

(3) 填制资产负债表及利润表。

资 产 负 债 表(简表)　　　　　　　　会企 01 表

201×年 1 月 31 日　　　　　　　　单位:元

资　　产	期末余额	上年年末余额	负债和所有者权益	期末余额	上年年末余额
流动资产:			流动负债:		
货币资金			短期借款		
应收票据			应付票据		
应收账款			应付账款		
存货			应付职工薪酬		
流动资产合计			应交税费		
非流动资产:			其他应付款		
固定资产			流动负债合计		
非流动资产合计			所有者权益:		
			实收资本		
			盈余公积		
			未分配利润		
			所有者权益合计		
资产总计			负债和所有者权益总计		

利 润 表(简表)　　　　　　　　会企02表
201×年1月　　　　　　　　　　单位：元

项　　　目	本期金额	上期金额
一、营业收入		（略）
减：营业成本		
税金及附加		
销售费用		
管理费用		
财务费用		
加：投资收益		
二、营业利润		
加：营业外收入		
减：营业外支出		
三、利润总额		
减：所得税费用		
四、净利润		

计 算 题

假设某零售商品流通企业实行"售价金额核算"，有关计算已销商品进销差价如下：

单位：元

营业组	月末调整前"商品进销差价"账户余额	月末"库存商品"账户余额	本月零售商品销售额	进销差价率	已销商品进销差价
百货组	②	8 400	15 600	①	2 340
纺织组	4 680	④	23 400	13%	③
服装组	7 920	31 000	⑤	11%	⑥

要求 计算①～⑥的数值，并列出算式。

模 拟 试 题(二)

判 断 题

1. "收入－费用＝利润"这个平衡公式是对企业财务状况的静态反映。（　）

2. 如果试算平衡结果发现借贷余额是平衡的,可以肯定记账没有差错。（　）

3. 企业的"在途物资"账户余额,在期末应转入"本年利润"账户的借方。（　）

4. 科目汇总表会计核算程序不仅可以简化总分类账的登记工作,而且还可以进行发生额试算平衡。（　）

5. 账户与会计科目两者的含义是一致的,没有什么区别。（　）

填 空 题

1. 原始凭证按其取得的来源不同,可以分为_____和_____两种。

2. 对于涉及现金和银行存款等货币资金的收付业务,统一只编制_____凭证。

3. 利润表是反映企业在_____的财务报表。

4. 更正错账的方法一般有_____、_____和_____三种。

5. 资产是指企业过去的_____形成的、由企业_____预期会给企业带来经济利益的资源。

选 择 题

1. "长期待摊费用"账户按用途和结构分类,应属于_____账户。

　　A. 集合分配　　　　　　　　B. 跨期摊配
　　C. 财务成果　　　　　　　　D. 负债

2. 对清查中已查明盘亏的财产物资,是因自然灾害发生的意外损失,应列入_____。

A. 管理费用 B. 生产成本
C. 营业外支出 D. 其他应收款

3. 对各项财产物资的增减,平时只登记收入数,不登记发出数是属于_____。

A. 永续盘存制 B. 权责发生制
C. 收付实现制 D. 实地盘存制

4. 科目汇总表的主要缺点,是不能反映_____。

A. 账户对应关系 B. 借方发生额
C. 贷方发生额 D. 借方或贷方发生额

5. _____是资金运动的静态报表。

A. 利润表 B. 资产负债表
C. 利润分配表 D. 现金流量表

名 词 解 释

1. 会计基本等式
2. 复式记账

简 答 题

1. 什么是账户的用途和结构?账户按用途和结构分类,可分为哪几类?
2. 什么是会计核算程序?一般的会计核算程序有哪几种?

核 算 题

某企业201×年8月份发生部分经济业务如下:

(1) 所有者投入资本200 000元,存入银行。

(2) 购入新机器2台,价值100 000元,以银行存款支付。

(3) 向A工厂购入乙材料一批,计50 000元,材料已验收入库,货款以银行存款支付(假定不考虑应交增值税)。

(4) 管理人员出差回来报销差旅费1 800元,原借支2 000元,余款交回现金。

(5) 以现金支付报刊费300元。

(6) 以银行存款支付本月固定资产修理费1 000元。

(7) 以银行存款支付职工医药费2 000元。

要求

(1) 根据上列资料编制会计分录。

(2) 假定该厂7月31日资产负债表中资产和负债及所有者权益的合计数各为1 000 000元。上列经济业务发生后,201×年8月31日资产负债表的资产和负债及所有者权益的合计数应各为多少?列出算式。

综 合 题

假设某工厂201×年3月底因遭受火灾,部分账册被烧毁,尚能搜集到的资料如下:

(1) 账册上幸存的数字:

借方	固 定 资 产	贷方
期初余额 900 000		

借方	累 计 折 旧	贷方
		期初余额 100 000

借方	材 料 采 购	贷方
① 银行存款32 180		
② 银行存款 2 820		

借方	原 材 料	贷方
期初余额 4 900		
③ 材料采购35 000		

借方	银 行 存 款	贷方
期初余额 16 000		

借方	生 产 成 本	贷方
期初余额 21 000		
④ 原材料 20 000		

借方	应付职工薪酬	贷方
⑤ 库存现金10 000		

借方	应 交 税 费	贷方

借方	制造费用	贷方		借方	管理费用	贷方
⑥原材料	2 400			⑦原材料	1 200	

借方	库存现金	贷方		借方	库存商品	贷方
期初余额	100			期初余额	10 000	
				⑧生产成本	40 000	⑩主营业务成本 34 000

借方	主营业务收入	贷方		借方	主营业务成本	贷方
		⑨银行存款 44 000				

借方	本年利润	贷方		借方	实收资本	贷方
		期初余额 12 000				期初余额 840 000

(2) 根据银行存款日记账查得 3 月 31 日银行存款结存数为 16 536.60 元。

(3) 该工厂职工工资 70% 是生产工人工资，20% 是车间管理人员工资，10% 是厂部管理人员工资。

(4) 按职工工资总额的 14% 计提职工福利费。

(5) 该工厂是按年折旧率的 4% 计提固定资产折旧。折旧费中 70% 由车间负担，30% 由管理部门负担。

(6) 按产品销售收入及物资采购价的 13% 计算增值税。

(7) 按月计算和结转利润。

(8) 材料按实际成本计价，当月固定资产没有增减。

要求

(1) 根据上列残存账册和有关资料将账上所缺数字补齐（不必做

会计分录,直接记入丁字式账户)。

(2) 按补齐后的总分类账户编制本期发生额及余额对照表。

总分类账户本期发生额及余额对照表

单位:元

会计科目	期初余额		本期发生额		期末余额	
	借方	贷方	借方	贷方	借方	贷方
库存现金						
银行存款						
在途物资						
原材料						
生产成本						
库存商品						
制造费用						
管理费用						
主营业务成本						
税金及附加						
固定资产						
累计折旧						
应付职工薪酬						
应交税费						
主营业务收入						
本年利润						
实收资本						
合 计						

计 算 题

1. 假设某生产企业有关生产和销售资料如下(单位:元):

	2月份	3月份
本月全部生产费用	26 000	24 000
期初在产品	③	3 000
期末在产品	②	500
期初库存商品	5 500	7 000
期末库存商品	7 000	④
主营业务收入	29 500	⑤
主营业务成本	①	27 000
税金及附加	1 500	1 450
主营业务利润（暂不计算期间费用）	5 000	－450

要求 计算①～⑤的数值，并列出算式。

模 拟 试 题(三)

单 项 选 择 题

1. 某企业资产总额是 120 万元,发生 4 笔经济业务:
(1) 向银行借入 100 000 元,存入银行存款户。
(2) 购进原材料 10 000 元,以银行存款支付。
(3) 收回应收账款 30 000 元,存入银行。
(4) 用银行存款偿还应付账款 40 000 元。
其资产总额应为_____万元。

  A. 128   B. 130   C. 126   D. 132

2. 下列各项中,支出不属于商品流通费范围的是_____。

  A. 工会经费   B. 商品运杂费
  C. 借款利息   D. 商品加工费

3. "本年利润"账户 3 月 31 日的贷方余额为 120 000 元,表示_____。

  A. 3 月份利润总额   B. 一季度累计利润
  C. 营业利润额   D. 产品销售利润额

4. 下列原始凭证中,属于累计原始凭证的是_____。

  A. 销货发票   B. 收款收据
  C. 限额领料单   D. 差旅费报销单

5. 会计决策方法不包括_____。

  A. 对比分析法   B. 决策表法
  C. 决策树法   D. 差量分析法

多 项 选 择 题

1. 下列经济业务中,属于资产项目与负债项目同时增加的有_____。

  A. 向银行借入款项存入银行   B. 销货款存入银行
  C. 购进商品货款未付   D. 商品售出货款未收

2. 记账凭证按其编制方法不同,可分为_____。
   A. 分录凭证　　　　　　　　B. 转账凭证
   C. 单式记账凭证　　　　　　D. 复式记账凭证
3. 下列账户中,如月末有余额表现在贷方的有"_____"。
   A. 应付账款　　　　　　　　B. 银行借款
   C. 物资采购　　　　　　　　D. 待摊费用
4. 下列凭证中,属于一次凭证的有_____。
   A. 限额领料单　　　　　　　B. 发票
   C. 差旅费报销单　　　　　　D. 现金收据
5. 财产清查按其清查的对象和范围不同,可分为_____。
   A. 全面清查　　　　　　　　B. 定期清查
   C. 临时清查　　　　　　　　D. 局部清查

判 断 题

1. 登记账簿的依据是会计分录。　　　　　　　　　　　　(　　)
2. 科目汇总表与汇总记账凭证都是对记账凭证进行汇总,所用的汇总方法也基本相同。　　　　　　　　　　　　　　　　　(　　)
3. 资产负债表是反映企业在某一特定日期的财务状况的会计报表。　　　　　　　　　　　　　　　　　　　　　　　　(　　)
4. 会计检查是对企业经济活动和财务收支的一种事后监督。
　　　　　　　　　　　　　　　　　　　　　　　　　　(　　)
5. 汇总记账凭证会计核算程序适用性较强,大、中、小型企业均可采用。　　　　　　　　　　　　　　　　　　　　　　(　　)

填 空 题

1. 原始凭证按其用途不同,可以分为_____、_____和_____三种。
2. 会计要素包括_____、_____、_____、_____、_____和_____六项。
3. 会计恒等式是_____=_____+_____。

4. 会计科目是对会计对象的_____进行_____的类目。
5. 会计分录主要包括_____、_____和_____三个要素。

名词解释

1. 会计凭证
2. 账簿

简答题

1. 什么是对账？对账有哪些作用？
2. 什么是财产清查？

核算题

1. 某公司采用售价金额核算,201×年12月31日有关账户的期末余额如下。

单位：元

账户名称	期末余额	
	借方	贷方
固定资产	900 000	
累计折旧		260 000
库存商品	1 120 000	
商品进销差价		168 000
低值易耗品	56 000	
委托加工物资	44 000	
银行存款	120 000	
包装物	30 000	
库存现金	20 000	

要求 根据上列资料计算资产负债表中下列项目的填列金额：货币资金、存货、固定资产净值、周转材料

2. 某企业201×年4月末银行存款日记账余额为499 800元,银行对账单余额517 580元,经逐笔核对,发现有以下几笔未达账项：

(1) 企业存入银行转账支票44 800元,企业已入账,银行未入账。

（2）企业购入材料一批，开出转账支票 36 400 元，银行未入账。
（3）外地汇入银行购货款 25 200 元，银行已入账，企业未入账。
（4）银行存款利息 980 元，银行已入账，企业未入账。

要求 根据上述未达账项，编制银行存款余额调节表。

银行存款余额调节表

单位：元

项　　目	金　　额	项　　目	金　　额
调节后余额		调节后余额	

3. 某公司 201×年 12 月 31 日资产负债表（简表）资料如下：

资 产 负 债 表（简表）

编制单位：某公司　　　　201×年 12 月 31 日　　　　　　单位：元

资　　产	期末余额	负债和所有者权益	期末余额
流动资产：		流动负债：	
货币资金	12 000	短期借款	
交易性金融资产		应付账款	18 000
应收账款	110 000	应交税费	12 000
存货	408 000	流动负债合计	200 000
流动资产合计	600 000	非流动负债：	
非流动资产：		长期借款	150 000
固定资产		非流动资产合计	150 000
工程物资	100 000	负债合计	350 000
非流动资产合计		所有者权益：	
		实收资本	600 000
		盈余公积	
		所有者权益合计	
资产总计		负债和所有者权益总计	1 000 000

要求 将资产负债表上的空格填上。

4. 某公司201×年4月30日有关损益类账户余额如下:

单位:元

账户名称	借方余额	账户名称	贷方余额
主营业务成本	3 300 000	主营业务收入	4 351 500
税金及附加	9 400	其他业务收入	235 000
其他业务成本	115 600	投资收益	45 000
销售费用	115 000	营业外收入	6 000
管理费用	107 500		
财务费用	5 400		
营业外支出	5 600		

4月末需要调整的账项如下:

(1) 查"待处理财产损溢"账户中,商品盘缺250元系自然损耗,作费用处理,予以转账。

(2) 应付由本月负担的短期借款利息16 500元。

(3) 应计本月银行存款利息收入600元。

(4) 摊销本月负担的固定资产修理费2 100元。

(5) 计算调整本月费用。

(6) 将调整后的各损益账户余额转至"本年利润"账户,结出本月利润总额。

(7) 计算利润总额。按利润总额计算应交所得税(税率25%)。

(8) 将本年净利润转入"利润分配"账户。

(9) 按税后利润的10%计提法定盈余公积。

(10) 按税后利润的30%计提应付给投资者利润。

要求

(1) 按上述资料,编制调整账项会计分录。

(2) 编制201×年4月份利润表。

5. 某公司201×年有关现金及现金等价物收支资料如下(为计算

方便不包括增值税）：

(1) 本期收到商品销售收入，金额为 400 000 元。

(2) 应收账款期初余额 24 000 元，期末余额 20 000 元；应收票据期初余额 35 000 元，期末余额 25 000 元。

(3) 用银行存款购买材料，支付货款 140 000 元，购买在建工程物资 30 000 元。

(4) 用银行存款支付前期应付账款 20 000 元，预付本期货款 30 000 元。

(5) 用现金支付职工工资 38 000 元，各种补贴 4 000 元。

(6) 本期期初应交税费 1 650 元，本期发生应交税费 3 300 元，期末未交税费 950 元。

(7) 用现金购买汽车一辆计价款 150 000 元。

要求：根据以上资料，计算"现金流量表"中有关项目的金额，并列出算式：

(1) "销售商品提供劳务收到的现金"。

(2) "购买商品接受劳务支付的现金"。

(3) "支付给职工以及为职工支付的现金"。

(4) "支付的各种税费"。

(5) "购建固定资产、无形资产和其他长期资产支付的现金"。

第二部分

参考答案

一、总　　论

填　空　题

1. 核算　监督
2. 生产经营活动
3. 独立核算　半独立核算　报账
4. 会计核算方法　会计分析方法　会计检查方法
5. 会计法律　会计行政法规　会计核算办法
6. 经济业务事项　资料
7. 不真实　不合理
8. 相互联系　紧密结合

单项选择题

1. C　2. A　3. A　4. D　5. B　6. C　7. B　8. A

多项选择题

1. BE　2. ACDE　3. ADE　4. ABEF　5. ACDF
6. ABCE　7. ABDE　8. ABCF

判断并改错题

1. 错（会计基本前提包括会计主体、持续经营、会计分期和货币计量。）

2. 错（《会计法》规定，国有资产占控股地位或主导地位的大中型企业必须设置总会计师。）

3. 错（"资产＝负债＋所有者权益"这个平衡公式是企业资金运动的静态表现。）

4. 错（会计核算的各种方法应相互联系，紧密结合，一环扣一环。）

5. 错（会计核算是会计工作的基本环节，其主要内容是记账、算账和编制财务会计报告。)

6. 对

7. 对

8. 错(企业的会计核算,应以权责发生制为基础,按实际发生和影响期限的收入和支出来确认企业的支出和收益。)

名词解释

1. 会计对象是指会计所要核算和监督的内容。

2. 集中核算是指账务工作全部在会计部门进行。

3. 会计准则是处理会计工作的规范,制定会计制度的依据,也是评价会计信息质量的标准。

4. 会计法规是我国经济法规的组成部分,是由国家和地方立法机关及中央、地方各级政府和行政部门制定颁发的有关会计方面的法律、法规、制度、办法和规定。

5. 谨慎性原则是指企业对交易或者事项进行确认、计量和报告应保持应有的谨慎,不高估资产或收益,不低估负债和费用的方法,尽可能把会计核算建立在比较稳妥可靠的基础上。

6. 及时性原则是指对于已经发生的交易或事项应当及时进行会计确认、计量和报告,不得提前或延后。

7. 历史成本原则是指企业的各项财产物资应按取得时的实际成本计价;负债按因承担现时义务而实际收到的款项或资产的金额计价,而不考虑市场物价变动的影响。

8. 四柱结算法的基本公式是"旧管＋新收－开除＝实在",相当于现在的"期初结存＋本期收入－本期支出＝期末结存"。

简 答 题

1. 会计的特点有四:

(1) 以货币为主要计量单位。

(2) 所提供的数据资料具有完整性、连续性、系统性和综合性。

（3）核算职能与监督职能相结合。

（4）为提高经济效益服务。

2. 会计的职能是指会计在经济管理中具有的功能。会计的基本职能是核算和监督。

3. 会计基本前提包括：会计主体、持续经营、会计分期和货币计量四个方面。

4. 会计信息质量要求有：可靠性、相关性、理解性、可比性、实质重于形式、重要性、谨慎性、及时性等。

5. 会计核算的专门方法有：设置科目和账户、复式记账、填制和审核会计凭证、登记账簿、成本计算、财产清查、编制财务会计报告。

6. 制定企业会计制度的基本原则有三：一是要符合《会计法》及国家其他有关法律和法规的规定；二是要符合《企业会计准则》的要求；三是要结合企业生产经营具体情况。

7. 会计人员的素质包括思想道德、专业知识、工作技能和改革创新四个方面。

论述题（解答提示）

1. 会计是以货币为主要计量单位，以凭证为依据，借助于专门技术方法，对一定主体的经济活动进行全面、综合、连续、系统的核算和监督，并向有关方面提供会计信息的一种经济活动。

会计在我国有着悠久的历史，随着经济的发展，其职能逐步深化，由最初的附带职能发展为独立职能，由核算和监督的基本职能发展为预测、决策、控制和分析的一种经济管理活动，成为经济管理的一项重要组成部分。

2. 会计的对象是指会计所要核算和监督的内容。在社会主义制度下，社会再生产过程是由生产、分配、交换和消费四个相互关联的环节所构成的，包括了各种各样的经济活动，会计是以货币计量的，因此会计所要核算和监督的只是能用货币表现的那些经济活动。尽管国家机关、社会团体、公司、企业、事业单位和其他组织的经济活动各有不同,但它们的所有财产物资都是以货币形式表现出来的,这些财产物资的货币表现以及货币本身都称为资金,资金在生产经营和收支活动中不断发生变化,就构成了资金运动。因此,概括地说,在社会主义制度下,会计所要核算和监督的内容就是社会再生产过程中的资金运动。

二、会计科目、会计账户和复式记账

填 空 题

1. 同时期　同方向　同金额
2. 有借必有贷　借贷必相等
3. 总分类科目　明细分类科目
4. 资金运动　相等的金额　两个　两个以上　相互联系
5. 发生额平衡公式　余额平衡公式
6. 借贷　增减　收付
7. 会计基本等式
8. 会计科目
9. 资产　负债　所有者权益　收入　费用　利润

单项选择题

1. C 2. B 3. A 4. D 5. D 6. D 7. D 8. B

多项选择题

1. ACF 2. BEF 3. ACE 4. ABEF 5. BCDF 6. BD
7. BCDF 8. ACD

判断并改错题

1. 错（会计科目是对会计对象的具体内容进行分类核算的类目。）

2. 错（借贷记账法的试算平衡公式分为发生额平衡公式和余额平衡公式。）

3. 对

4. 对

5. 错（会计科目是会计账户的名称，两者既有区别，又有联系。）

6. 对

7. 错（复式记账法同时登记两个或两个以上相互联系的账户。）

8. 对

名 词 解 释

1. 会计科目是对会计对象的具体内容进行分类核算的类目。

2. 会计账户是根据会计科目开设的，具有一定结构，用来系统、连续地记载各项经济业务的一种工具。

3. 复式记账法是对每一项交易或事项所引起的资金运动，都要用相等的金额，同时在两个或两个以上的有相互联系的账户中进行全面登记的方法。

4. 账户对应关系是指账户与账户之间的应借、应贷关系。

5. 试算平衡是验证账户记录正确性的方法，有发生额试算平衡和余额试算平衡两种。

6. 记账方法是根据一定原理和规则，用文字和数字记录经济业务活动的一种方法。

7. 单式记账法是对每一笔经济活动只在一个账户中进行登记的一种记账方法。

8. 会计分录是对每笔经济业务指出应登记的账户、记账方向和金额的一种记录。

简 答 题

1. 会计科目主要分为资产、负债、所有者权益、成本、损益五类。

2. 复式借贷记账法是用"借"和"贷"作为记账符号，对每一项交易或事项所引起的资金运动，都要用相等的金额，同时在两个或两个以上的有相互联系的账户中进行全面登记的一种方法。

3. 借贷记账法的基本内容有四个方面：

（1）用"借"和"贷"作为记账符号。

（2）以"有借必有贷，借贷必相等"作为记账规则。

(3) 根据借贷平衡原理进行试算平衡。

(4) 可以设置双重性质的账户。

4. 借贷记账法的试算平衡是指在一定时期内根据借贷平衡原理对所有账户的记录进行检查和验证,其方法有发生额试算平衡和余额试算平衡两种。

5. 总分类账户和明细分类账户的平行登记要点有三:

一是根据同一会计凭证同时在有关总分类账户和所属明细分类账户中进行登记;

二是在登记总分类账户及其所属的明细分类账户时,借和贷记账方向必须一致;

三是在登记总分类账户及其所属的明细分类账户时,总分类账户的金额必须与其所属的一个或几个明细账户的金额合计数相等。

6. 对应关系是账户与账户之间的应借、应贷关系。对应账户是指同一会计分录中的借方和贷方的对应账户。

7. 资产是指企业过去的交易或者事项形成的、由企业拥有或者控制的、预期会给企业带来经济利益的资源。

8. 负债是指企业过去的交易或者事项形成的、预期会导致经济利益流出企业的现时义务。

论述题(解答提示)

1. 会计账户是根据会计科目开设的;会计科目是会计账户的名称,两者既有区别又有联系,各有其特点,不能替代。

2. 总分类账户是明细分类账户的统驭账户,对明细分类账户起控制作用;明细分类账户是总分类账户的从属账户,对总分类账户起辅助和补充作用,只有两者结合才能既概括又详细地反映同一经济业务的记账内容。

业 务 计 算 题

习题一题解

各项目类别及金额:

单位:元

项目		金额		
		资产	负债	所有者权益
1	银行里的存款	120 000		
2	向银行借入半年期的借款		500 000	
3	出纳处存放的现金	1 500		
4	仓库里存放的原材料	519 000		
5	仓库里存放的产成品	194 000		
6	正在加工中的产品	75 500		
7	应付外单位货款		80 000	
8	向银行借入2年期的借款		600 000	
9	房屋及建筑物	420 000		
10	所有者投入资本			7 000 000
11	机器设备	2 500 000		
12	应收外单位货款	100 000		
13	以前年度尚未分配的利润			750 000
14	对外单位长期投资	5 000 000		
	合计	8 930 000	1 180 000	7 750 000

资产 8 930 000=负债 1 180 000+所有者权益 7 750 000

习题二题解

收入=690 000(元)

成本费用支出=600 000+3 000+500+1 500+28 000+600
　　　　　　　+500+6 000+3 000=643 100(元)

利润=690 000-643 100=46 900(元)

第二部分 参考答案

习题三题解

类 型	经济业务序号
1. 一项资产增加,另一项资产减少	1. 8.
2. 一项负债增加,另一项负债减少	9.
3. 一项所有者权益增加,另一项所有者权益减少	12.
4. 一项资产增加,一项负债增加	4. 6.
5. 一项资产增加,一项所有者权益增加	5.
6. 一项资产减少,一项负债减少	2. 7.
7. 一项资产减少,一项所有者权益减少	10.
8. 一项负债减少,一项所有者权益增加	11.
9. 一项负债增加,一项所有者权益减少	3.

习题四题解

单位:元

资 产	期初数	本月增加数	本月减少数	月末余额	负债和所有者权益	期初数	本月增加数	本月减少数	月末余额
库存现金	1 000	1 000	1 000	1 000	负债:				
银行存款	13 000	92 000	46 000	59 000	短期借款	100 000	50 000		150 000
应收账款	14 000		12 000	2 000	应付账款	25 000	20 000	20 000	25 000
其他应收款	2 000	1 000		3 000	应付职工薪酬	5 000		5 000	—
在途物资	10 000			30 000	负债合计	130 000	70 000	25 000	175 000
生产成本	140 000	45 000		185 000	所有者权益:				
原材料	50 000	20 000	45 000	5 000	实收资本	500 000	30 000		530 000
库存商品	70 000			70 000	盈余公积	50 000			50 000
固定资产	400 000	20 000		420 000	未分配利润	20 000			20 000
					所有者权益合计	570 000	30 000		600 000
总 计	700 000	179 000	104 000	775 000	总 计	700 000	100 000	25 000	775 000

129

习 题 五 题 解

会计科目按隶属关系分类：

一级总分类科目	二级类目	三级明细科目
原材料	主要材料	甲材料 乙材料
	辅助材料	润滑油
生产成本	基本生产成本	A产品生产成本 B产品生产成本
	辅助生产成本	
固定资产	生产用固定资产	机器设备 生产用房 运输工具
短期借款	临时借款	
应付账款		应付子公司货款 应付丑工厂货款
应收账款		应收A单位货款 应收B公司货款
库存商品	甲类商品	A种商品
财务费用		利息
材料采购		

习 题 六 题 解

会计科目	资产类	负债类	所有者权益类	成本类	损益类
银行存款	√				
实收资本			√		
材料采购	√				
原材料	√				
制造费用				√	

(续表)

会计科目	资产类	负债类	所有者权益类	成本类	损益类
应付账款		√			
应收账款	√				
生产成本				√	
库存商品	√				
主营业务收入					√
主营业务成本					√
短期借款		√			
固定资产	√				
累计折旧	√				
库存现金	√				
财务费用					√
长期待摊费用	√				
利润分配			√		
盈余公积			√		
销售费用					√
管理费用					√

习题七题解

计算账户中的未知数据：

1. 银行存款期末余额 = 430 000 + 1 985 000 - 2 040 000
   = 375 000(元)

2. 固定资产本期增加发生额 = 1 920 000 + 496 000 - 2 400 000
   = 16 000(元)

3. 短期借款期初余额 = 300 000 + 160 000 - 260 000 = 200 000(元)

4. 应付账款本期减少发生额 = 230 000 + 200 000 - 55 000
   = 375 000(元)

习题八题解

1. 期初资产、负债和所有者权益的数量关系：

银行存款 15 100 元＋现金 1 900 元＋应收账款 80 000 元＋库存商品 273 000 元＋固定资产 260 000 元＝短期借款 100 000 元＋应付账款 30 000 元＋实收资本 500 000 元

2.

单位：元

序号	业务类型	金额				
		资产	负债	所有者权益	收入	费用
1	一项资产增加，一项收入增加	+90 000			+90 000	
2	一项资产增加，另一项资产减少	+20 000 −20 000				
3	一项资产减少，一项费用增加	−20 000				+20 000
4	一项资产增加，一项负债增加	+40 000	+40 000			
5	一项资产增加，一项收入增加	+60 000			+60 000	
6	一项资产减少，一项费用增加	−5 000				+5 000
7	一项资产增加，另一项资产减少	+45 000 −45 000				
8	一项资产减少，另一项资产增加	+60 000 −60 000				
9	一项资产减少，一项费用增加	−5 000				+5 000
10	一项资产增加，一项收入增加	+25 000			+25 000	
11	一项资产减少，一项费用增加	−1 500				+1 500
12	一项资产减少，一项负债减少	−30 000	−30 000			
13	一项资产增加，一项收入增加	+80 000			+80 000	
14	一项资产减少，一项负债减少	−100 000	−100 000			
15	一项资产减少，一项费用增加	−215 000				+215 000

3. 4月份利润额＝255 000－246 500＝8 500(元)

4.

单位：元

账户名称	期初余额	本月增加额	本月减少额	期末余额
资产类				
银行存款	15 100	①90 000 ⑧60 000 ⑩25 000 ⑬80 000	② 20 000 ⑥ 5 000 ⑦ 45 000 ⑨ 5 000 ⑫ 30 000 ⑭100 000	65 100
库存现金	1 900	②20 000	⑪ 1 500 ③ 20 000	400
应收账款	80 000	⑤60 000	⑧ 60 000	80 000
库存商品	273 000	④40 000 ⑦45 000	⑮215 000	143 000
固定资产	260 000			260 000
合　　计	630 000	420 000	501 500	548 500
负债和所有者权益类				
短期借款	100 000		⑭100 000	—
应付账款	30 000	④40 000	⑫ 30 000	40 000
实收资本	500 000			500 000
本年利润		8 500		8 500
合　　计	630 000	48 500	130 000	548 500

习题九题解

会计科目按经济内容分类：

单位：元

序号	项 目	会计科目	资 产	负 债	所有者权益
1	存放在出纳处的现金	库存现金	500		
2	存放在银行里的款项	银行存款	144 500		
3	向银行借入3个月临时借款	短期借款		600 000	
4	仓库中存放的材料	原材料	380 000		
5	仓库中存放的已完工产品	库存商品	60 000		
6	正在加工中的在产品	生产成本	75 000		
7	向银行借入1年以上的借款	长期借款		1 450 000	
8	房屋及建筑物	固定资产	2 400 000		
9	所有者投入的资本	实收资本			2 000 000
10	机器设备	固定资产	750 000		
11	应收外单位货款	应收账款	140 000		
12	应付给外单位的材料款	应付账款		120 000	
13	以前年度积累的未分配利润	利润分配			280 000
14	对外长期投资	长期股权投资	500 000		
	总　　　计		4 450 000	2 170 000	2 280 000

习题十题解

1. 用借贷记账法编制会计分录：

单位：元

顺序号	日期	摘　　要	账户名称	过账	借方金额	贷方金额
1	（略）	购入材料货款以银行存款支付	原材料 应交税费 银行存款		10 000 1 300	 11 300
2		生产车间领用材料投入生产	生产成本 原材料		40 000	 40 000

(续表)

顺序号	日 期	摘 要	账户名称	过账	借方金额	贷方金额
3		从银行提取现金	库存现金 银行存款		400	400
4		购入汽车一辆	固定资产 银行存款		100 000	100 000
5		偿还应付货款	应付账款 银行存款		3 000	3 000
6		生产车间领用材料	生产成本 原材料		25 000	25 000
7		收回应收货款	银行存款 应收账款		3 000	3 000
8		归还银行借款与应付货款	短期借款 应付账款 银行存款		12 000 4 000	16 000
9		其他单位投资	银行存款 实收资本		20 000	20 000
10		收回应收货款	银行存款 库存现金 应收账款		3 600 400	4 000

2. 过账：

借方	库 存 现 金	贷方
期初余额	1 000	
③	400	
⑩	400	
本期发生额	800	本期发生额 —
期末余额	1 800	

借方	银 行 存 款		贷方
期初余额	135 000		
⑦	3 000	①	11 300
⑨	20 000	③	400
⑩	3 600	④	100 000
		⑤	3 000
		⑧	16 000
本期发生额	26 600	本期发生额	130 700
期末余额	30 900		

借方	应收账款		贷方		借方	生产成本		贷方
期初余额	10 000				期初余额	40 000		
		⑦	3 000		②	40 000		
		⑩	4 000		⑥	25 000		
本期发生额	—	本期发生额	7 000		本期发生额	65 000	本期发生额	—
期末余额	3 000				期末余额	105 000		

借方	原材料		贷方		借方	库存商品		贷方
期初余额	120 000				期初余额	24 000		
①	10 000	②	40 000					
		⑥	25 000		本期发生额	—	本期发生额	—
本期发生额	10 000	本期发生额	65 000		期末余额	24 000		
期末余额	65 000							

借方	固定资产		贷方		借方	短期借款		贷方
期初余额	600 000				⑧	12 000	期初余额	60 000
③	100 000							
本期发生额	100 000	本期发生额	—		本期发生额	12 000	本期发生额	—
期末余额	700 000						期末余额	48 000

借方	应付账款		贷方		借方	应交税费		贷方
		期初余额	8 000		①	1 300	期初余额	2 000
⑤	3 000							
⑧	4 000							
本期发生额	7 000	本期发生额	—		本期发生额	1 300	本期发生额	—
		期末余额	1 000				期末余额	700

借方	实收资本		贷方
		期初余额	860 000
		⑨	20 000
本期发生额	—	本期发生额	20 000
		期末余额	880 000

3. 总分类账户本期发生额对照表:

单位:元

会计科目	期初余额		本期发生额		期末余额	
	借方	贷方	借方	贷方	借方	贷方
库存现金	1 000		800		1 800	
银行存款	135 000		26 600	130 700	30 900	
应收账款	10 000			7 000	3 000	
生产成本	40 000		65 000		105 000	
原材料	120 000		10 000	65 000	65 000	
库存商品	24 000				24 000	
固定资产	600 000		100 000		700 000	
短期借款		60 000	12 000			48 000
应付账款		8 000	7 000			1 000
应交税费		2 000	1 300			700
实收资本		860 000		20 000		880 000
合计	930 000	930 000	222 700	222 700	929 700	929 700

习题十一题解

1. 通过账户对应关系,补编会计分录并说明经济业务内容:

单位:元

顺序号	摘要	账户名称	过账	借方金额	贷方金额
1	以现金支付预支款	其他应收款 库存现金		120	120
2	收回应收账款	银行存款 库存现金 应收账款		5 600 100	5 700
3	退回固定资产收回价款	银行存款 固定资产		42 000	42 000

(续表)

顺序号	摘要	账户名称	过账	借方金额	贷方金额
4	向银行提取现金	库存现金 银行存款		400	400
5	以银行存款偿还应付款项	其他应付款 银行存款		6 020	6 020
6	现金存入银行	银行存款 库存现金		400	400
7	收回应收账款存入银行	银行存款 应收账款		20 620	20 620
8	以银行存款偿还应付账款	应付账款 银行存款		28 600	28 600
9	向银行提取现金	库存现金 银行存款		400	400
10	以现金购入材料物资	原材料 库存现金		160	160
11	报销购买材料物资退回余款	原材料 库存现金 其他应收款		80 40	120
12	以银行存款、现金偿还应付款	应付账款 库存现金 银行存款		2 000	300 1 700
13	借入短期借款存入银行	银行存款 短期借款		10 000	10 000
14	收到投入资本金存入银行	银行存款 实收资本		20 000	20 000
15	以银行存款归还短期借款	短期借款 银行存款		24 000	24 000
16	以银行存款购入固定资产	固定资产 银行存款		54 000	54 000

2. 总分类账户本期发生额对照表:

单位：元

会计科目	期初余额		本期发生额		期末余额	
	借方	贷方	借方	贷方	借方	贷方
库存现金	160		940	980	120	
银行存款	16 800		98 620	115 120	300	
应收账款	30 800			26 320	4 480	
其他应收款			120	120		
原材料	46 000		240		46 240	
生产成本	36 120				36 120	
库存商品	19 120				19 120	
固定资产	360 000		54 000	42 000	372 000	
短期借款		32 800	24 000	10 000		18 800
应付账款		56 600	30 600			26 000
其他应付款		6 420	6 020			400
实收资本		413 180		20 000		433 180
合　　计	509 000	509 000	214 540	214 540	478 380	478 380

习题十二题解

1. 编制会计分录：

单位：元

顺序号	日期	摘　　要	账户名称	过账	借方金额	贷方金额
1		偿还A公司货款	应付账款——A公司 银行存款		15 000	15 000
2		购甲材料100千克，@150	原材料——甲材料 应交税费——应交增值税 银行存款		15 000 1 950	16 950

· 139 ·

(续表)

顺序号	日期	摘　　要	账 户 名 称	过账	借方金额	贷方金额
3		生产领用材料	生产成本		70 000	
			原材料——甲材料			30 000
			——乙材料			10 000
			——丙材料			30 000
4		偿还B公司货款	应付账款——B公司		10 000	
			银行存款			10 000
5		购入乙材料100千克@100	原材料——乙材料		10 000	
			应交税费——应交增值税		1 300	
			银行存款			11 300

2. 开设并登记总分类账和明细分类账：

借方	原　材　料	贷方		借方	应　付　账　款	贷方
期初余额	200 000				期初余额	50 000
②	15 000	③	70 000	①	15 000	
⑤	10 000			④	10 000	
本期发生额	25 000	本期发生额	70 000	本期发生额 25 000	本期发生额	—
期末余额	155 000				期末余额	25 000

借方	原材料——甲	贷方		借方	应付账款——A	贷方
期初余额	120 000				期初余额	30 000
②	15 000	③	30 000	①	15 000	
本期发生额	15 000	本期发生额	30 000	本期发生额 15 000	本期发生额	—
期末余额	105 000				期末余额	15 000

借方	原材料——乙		贷方		借方	应付账款——B		贷方
期初余额	20 000						期初余额	20 000
⑤	10 000	③	10 000		④	10 000		
本期发生额	10 000	本期发生额	10 000		本期发生额	10 000	本期发生额	—
期末余额	20 000						期末余额	10 000

借方	原材料——丙		贷方
期初余额	60 000		
		③	30 000
本期发生额	—	本期发生额	30 000
期末余额	30 000		

3. 编制"原材料"账户本期发生额及余额明细表：

"原材料"本期发生额及余额明细表

单位：元

明细科目	计量单位	单价	期初余额		本期发生额				期末余额	
					收入		支出			
			数量	金额	数量	金额	数量	金额	数量	金额
甲材料	千克	150	800	120 000	100	15 000	200	30 000	700	105 000
乙材料	千克	100	200	20 000	100	10 000	100	10 000	200	20 000
丙材料	千克	120	500	60 000			250	30 000	250	30 000
合计				200 000		25 000		70 000		155 000

"应付账款"账户本期发生额及余额明细表

单位：元

明细科目	期初余额		本期发生额		期末余额	
	借方	贷方	借方	贷方	借方	贷方
A公司		30 000	15 000			15 000
B公司		20 000	10 000			10 000
合计		50 000	25 000			25 000

三、生产企业的生产经营过程核算

填空题

1. 所有者权益
2. 工程物资
3. 长期待摊费用
4. 固定资产清理
5. 买价　采购费用
6. 按季支付
7. 其他业务成本　税金及附加　销售费用
8. 应付职工薪酬　库存现金
9. 归集和分配
10. 直接材料　直接人工　制造费用

单项选择题

1. B　2. D　3. A　4. B　5. A　6. A　7. D　8. B　9. D　10. D

多项选择题

1. ABDE　2. ABEF　3. ACE　4. ABEF　5. BCE　6. ACF　7. ACDEF　8. ADF　9. BE　10. ABCF

判断并改错题

1. 错（企业材料采购的买价和采购费用，在期末应全部转入"原材料"账户的借方。）

2. 错（车间领用一般性消耗的材料，在会计处理上应属于增加制造费用。）

3. 对

4. 错(产品售出而货款未收,在会计处理上应借记"应收账款"账户;贷记"主营业务收入"账户。)

5. 错(固定资产因磨损而减少的价值,称之为固定资产折旧。)

6. 对

7. 错(核算企业向银行或其他金融机构借入的款项应通过"短期借款"和"长期借款"两个账户进行核算。)

8. 对

9. 错(凡是由本期产品成本负担的费用,不论是否支付,全部计入本期成本。)

10. 对

名词解释

1. 成本计算是将企业在生产经营过程中所发生的各种费用按各种不同的对象进行归集和分配,借以确定各该对象的总成本和单位成本。

2. 长期待摊费用是指已经支付,但应由本期和以后各期分别负担的分摊期在1年以上的各项费用。

3. 其他业务收入是指企业除主营业务收入以外的其他销售或其他业务的收入,如材料销售、代购代销、包装物出租、提供劳务等收入。

4. 投资收益是指企业对外投资所取得的收益或发生的损失。

5. 营业外收支是指企业发生的与生产经营无直接关系的各项收入和支出。

6. 管理费用是指企业为组织和管理企业生产经营所发生的费用,包括董事会和行政管理部门在企业经营管理中发生的或应由企业统一负担的公司经费等。

7. 营业利润是指企业营业收入扣除增值税以外的税金及附加、营业成本和期间费用加上投资收益后的余额。

8. 制造成本是将生产费用按产品分项目进行归集后构成产品的制造成本。其主要项目有:直接材料、直接人工和制造费用。

简 答 题

1. 生产企业的生产经营过程的主要核算内容是生产经营活动的三个过程中所发生的经济业务,即采购过程、生产过程、销售过程以及资金的投入、调整和退出等经济活动,构成企业核算的主要内容。

2. 企业的资金包括权益资金和负债资金,其来源主要是投资人投入的资金和向银行及其他金融机构借入的资金,筹集资金应向这两方面进行。

3. 应付票据是指企业开出的远期票据。企业因购买商品、材料或接受劳务供应等所开出的经承兑的商业汇票(包括银行承兑汇票和商业承兑汇票)即为应付票据。

4. 在生产过程中所发生的各种耗费主要包括为生产产品所消耗的原材料、辅助材料、燃料和动力,生产工人的工资及福利费,厂房、机器设备等固定资产折旧费,以及管理和组织生产、为生产服务而发生的各种费用。

5. "预收账款"账户是负债类账户,用来核算企业按合同规定向购货单位预收的款项,它的贷方登记向购货单位收取的预收款;借方登记实现销售收入和应交销项增值税的数额,其贷方余额为向购货单位预收的款项;借方余额为由购货单位补付的款项。

6. 企业固定资产的出售、报废和毁损应通过"固定资产清理"账户进行核算。该账户为资产类账户,其借方登记固定资产的净值及其在清理过程中所发生的清理费用;贷方登记收回出售固定资产的价款,残料价值和变价收入等。清理结束后其借方余额表示固定资产清理后的净损失,属于生产经营期间的正常处理损失应转入"营业外支出"账户;贷方余额表示固定资产清理后的净收益,属于生产经营期间的应转入"营业外收入"账户。结转后本账户应无余额。

7. 成本计算对象是指费用归属的对象。进行成本计算,要确定成本对象后,才能归集费用,计算成本。如采购费用的对象是材料物资;生产费用的对象是产品等。

8. 成本计算的程序是在进行成本计算时,先要确定成本计算对象、成本计算期和成本项目,在各种费用发生后,按各种成本计算对象在有关账户中进行登记、归集和分配,从而计算出各该对象的总成本和单位成本。

论述题(解答提示)

1. 在社会主义市场经济条件下,企业必须是一个面向市场、独立核算、自主经营、自负盈亏、自我积累、自我发展的经济实体。生产企业的基本任务是增加产品产量,提高产品质量,更新和扩大花色品种,做好售后服务,满足市场需求,加强内部管理,进行技术改造,减少劳动耗费,降低成本,增加盈利,为发展社会主义市场经济积累更多资金。为了完成上述各项任务,企业要以效益为中心做好各项工作,增强自我改造和自我发展能力,其中如何正确核算,利用会计资料,加强会计管理,规范企业生产经营行为是一个重要方面,通过会计正确、及时地提供的生产经营过程中的各种数量和质量信息,使企业领导及时了解生产经营情况,纠正偏差,提高科技含量,求得深层次的发展,完成和超额完成预期目标。

2. 财务成果是企业生产经营活动的最终成果,即利润或亏损。企业在销售过程中所取得的销售成果还不能算是最终的财务成果,因为在企业经营活动中,由于各种因素,还会发生一些非商品销售性质的收入和支出,如其他业务的收支、营业外的收支、期间费用、投资损益等等,这些收入和支出也都属于企业利润的组成部分,也应计算在内,才是最终的财务成果。

3. 费用和成本是两个概念。已经发生的与产品生产有关的费用,并不等于已经形成产品成本,因为两者计算的基础不同。费用是按照一定会计期间汇集的资金耗费,而成本则是以产品为对象进行归集的资金耗费。费用要按计算对象归集后才能形成成本。一般来说,费用和成本不一定相等,只有在一定会计期间发生的费用都已归属于该期的产品,该期的费用和成本才会相等。

业务计算题

习题一题解

1. 编制会计分录:

单位:元

顺序号	摘　　要	账户名称	过账 借方金额	贷方金额
1	采购员××借支差旅费	其他应收款——×× 　库存现金	500	500
2	购入材料,货款以商业汇票结算	材料采购——甲材料 　　　　——乙材料 应交税费——应交增值税 　应付票据	16 000 12 800 3 744	32 544
3	支付材料运费及装卸搬运费	材料采购——甲材料 　　　　——乙材料 　银行存款 　库存现金	480 240	480 240
4	按材料实际成本转账	原材料——甲材料 　　　——乙材料 　材料采购	16 480 13 040	29 520
5	应付票据到期以银行存款支付	应付票据——××× 　银行存款	32 544	32 544
6	外地购入材料	材料采购——甲材料 　　　　——乙材料 应交税费——应交增值税 　银行存款	5 500 5 600 1 443	12 543
7	支付运费及装卸搬运费	材料采购 　银行存款 　库存现金	720	540 180
8	按材料实际成本转账	原材料——甲材料 　　　——乙材料 　材料采购——甲材料 　　　　　——乙材料	5 940 5 880	5 940 5 880

2. 登记总分类账和明细分类账账户:

第二部分 参考答案

借方	材料采购	贷方
② 28 800	④	29 520
③ 720	⑧	11 820
⑥ 11 100		
⑦ 720		
本期发生额 41 340	本期发生额	41 340

借方	材料采购——甲	贷方
② 16 000	④	16 480
③ 480	⑧	5 940
⑥ 5 500		
⑦ 440		
本期发生额 22 420	本期发生额	22 420

借方	材料采购——乙	贷方
② 12 800	④	13 040
③ 240	⑧	5 880
⑥ 5 600		
⑦ 280		
本期发生额 18 920	本期发生额	18 920

借方	原材料	贷方
④ 29 520		
⑧ 11 820		
本期发生额 41 340	本期发生额	—
期末余额 41 340		

习题二题解

1. 编制会计分录:

单位:元

顺序号	摘要	账户名称	过账	借方金额	贷方金额
1	车间领用材料	生产成本——A产品		3 225	
		——B产品		2 580	
		原材料——甲材料			2 835
		——乙材料			2 970
2	结算分配职工工资	生产成本——A产品		5 000	
		——B产品		4 000	
		制造费用——工资		2 000	
		管理费用——工资		3 000	
		应付职工薪酬——工资			14 000
3	计提职工福利费	生产成本——A产品		700	
		——B产品		560	
		制造费用——福利费		280	
		管理费用——福利费		420	
		应付职工薪酬——福利费			1 960

(续表)

顺序号	摘　　要	账 户 名 称	过账	借方金额	贷方金额
4	计提本月固定资产折旧	制造费用——折旧费		600	
		管理费用——折旧费		300	
		累计折旧			900
5	支付车间水电费	制造费用——水电费		200	
		银行存款			200
6	支付车间办公费	制造费用——办公费		400	
		库存现金			400
7	车间管理人员报销差旅费	制造费用——差旅费		237	
		库存现金		63	
		其他应收款——×××			300
8	制造费用计入生产成本	生产成本——A产品		2 065	
		——B产品		1 652	
		制造费用			3 717
9	A、B产品完工按实际成本转账	库存商品——A产品		10 990	
		——B产品		8 792	
		生产成本——A产品			10 990
		——B产品			8 792

2. 登记总分类账和明细分类账账户：

借方	生　产　成　本	贷方	借方	制　造　费　用	贷方
①	5 805	⑨ 19 782	②	2 000	⑧ 3 717
②	9 000		③	280	
③	1 260		④	600	
⑧	3 717		⑤	200	
			⑥	400	
			⑦	237	
本期发生额 19 782		本期发生额 19 782	本期发生额 3 717		本期发生额 3 717

借方	库存商品		贷方
⑨	19 782		
本期发生额	19 782	本期发生额	—
期末余额	19 782		

借方	生产成本——A产品		贷方
①	3 225	⑨	10 990
②	5 000		
③	700		
⑧	2 065		
本期发生额	10 990	本期发生额	10 990

借方	生产成本——B产品		贷方
①	2 580	⑨	8 792
②	4 000		
③	560		
⑧	1 652		
本期发生额	8 792	本期发生额	8 792

习题三题解

1. 编制会计分录：

单位：元

顺序号	摘要	账户名称	过账	借方金额	贷方金额
1	出售A产品，收回货款	银行存款 　主营业务收入——A产品 　应交税费——应交增值税		33 900	30 000 3 900
2	出售B产品，货款未收	应收账款 　主营业务收入——B产品 　应交税费——应交增值税		50 850	45 000 5 850
3	结转A、B产品销售成本	主营业务成本 　库存商品——A产品 　　　　　——B产品		57 000	22 500 34 500
4	支付销售产品运输包装费	销售费用——包装费 　　　　　——运费 　银行存款		200 800	1 000

(续表)

顺序号	摘要	账户名称	过账	借方金额	贷方金额
5	结算销售部门职工工资及福利费	销售费用——工资 应付职工薪酬——工资 　　　　　——福利费		1 140	1 000 140
6	结算消费税	税金及附加——消费税 应交税费——应交消费税		4 500	4 500
7	出售甲材料，货款收到	银行存款 其他业务收入——甲材料 应交税费——应交增值税		1 356	1 200 156
8	结转甲材料实际成本	其他业务成本——甲材料 原材料——甲材料		1 000	1 000

2. 计算营业利润：

营业利润=75 000−57 000−4 500+1 200−1 000−1 000−1 140

＝11 560(元)

习题四题解

编制会计分录：

单位：元

顺序号	摘要	账户名称	过账	借方金额	贷方金额
1	结算管理人员工资	制造费用——工资 管理费用——工资 　应付职工薪酬——工资		5 000 3 000	8 000
2	计提职工福利费	制造费用——福利费 管理费用——福利费 　应付职工薪酬		420 700	1 120
3	计提固定资产折旧	制造费用——折旧费 管理费用——折旧费 　累计折旧		800 600	1 400

(续表)

顺序号	摘要	账户名称	过账	借方金额	贷方金额
4	支付车间办公费	制造费用——办公费 银行存款		1 200	1 200
5	支付机动车修理费	管理费用——修理费 库存现金		400	400
6	支付车船使用税	税金及附加——车船税 库存现金		300	300
7	现金支付书报费	管理费用——办公费 库存现金		480	480
8	支付产品广告费	销售费用——广告费 银行存款		1 500	1 500
9	以银行存款支付借款利息	财务费用——利息支出 银行存款		900	900
10	支付销售产品运费、包装费	销售费用——运杂费 　　　　——包装费 银行存款 库存现金		100 600	600 100
11	现金支付咨询费	管理费用——咨询费 库存现金		1 200	1 200
12	管理人员报销差旅费	管理费用——差旅费 库存现金 其他应收款——×××		960 40	1 000
13	支付水电费	制造费用——水电费 管理费用——水电费 银行存款		1 900 500	2 400
14	支付房租	管理费用——租赁费 制造费用——租赁费 银行存款		1 000 2 000	3 000

习 题 五 题 解

1. 编制会计分录:

单位: 元

顺序号	摘　要	账　户　名　称	过账	借方金额	贷方金额
3-1	出售产品,货款收到	银行存款 　主营业务收入 　应交税费——应交增值税		56 500	50 000 6 500
3-2	结转已销产品生产成本	主营业务成本 　库存商品		32 000	32 000
3-3	结算产品消费税	税金及附加——消费税 　应交税费——应交消费税		5 000	5 000
3-4	支付销售产品运杂费	销售费用——运杂费 　库存现金		500	500
3-5	支付厂部办公经费	管理费用——办公费 　银行存款		300	300
3-6	支付借款利息	财务费用——利息支出 　银行存款		700	700
3-7	支付违约罚款	营业外支出——罚款支出 　银行存款		500	500
3-8	没收包装物押金*	其他应付款——包装物押金 　营业外收入		300	300

12月份利润总额=50 000−32 000−5 000−500−300−700+300−500
　　　　　　=11 300(元)

| 4-1① | 结转1~12月各收入账户余额 | 主营业务收入
其他业务收入
营业外收入
　本年利润 | | 550 000
6 000
4 300 | 560 300 |

(续表)

顺序号	摘要	账户名称	过账	借方金额	贷方金额
4-1②	结转1~12月各支出账户余额	本年利润		479 000	
		主营业务成本			407 000
		税金及附加			35 000
		销售费用			25 500
		管理费用			3 300
		财务费用			2 700
		其他业务成本			3 500
		营业外支出			2 000
4-2①	计算应交所得税	所得税费用		20 325	
		应交税费——应交所得税			20 325
4-2②	结转所得税费用	本年利润		20 325	
		所得税费用			20 325
4-3	将本年净利润转入"利润分配"账户	本年利润		60 975	
		利润分配			60 975
4-4	计提法定盈余公积	利润分配——提取法定盈余公积		6 097.50	
		盈余公积——提取法定盈余公积			6 097.50
4-5	计提任意盈余公积	利润分配——提取任意盈余公积		9 146.25	
		盈余公积——提取任意盈余公积			9 146.25
4-6	结算应付利润	利润分配——应付投资者利润		6 097.50	
		应付股利——应付投资者利润			6 097.50

* 按税务制度规定,"对因逾期未收回包装物不再退还的押金,应按包装货物的适用税率征收增值税",本习题为便于综合练习,暂不考虑这一因素。

2. 登记总分类账:

借方	本年利润		贷方	借方	利润分配		贷方
				期初余额	39 515		
4-1②	479 000	4-1①	560 300			4-3	60 975
4-2②	20 325			4-4	6 097.50		
4-3	60 975			4-5	9 146.25		
				4-6	6 097.50		
本期发生额	560 300	本期发生额	560 300	本期发生额	21 341.25	本期发生额	60 975
						期末余额	118.75

习题六题解

编制会计分录:

单位:元

顺序号	摘要	账户名称	过账	借方金额	贷方金额
1	国家投入资金	银行存款 　实收资本——国家拨入		400 000	400 000
2	接受固定资产投资	固定资产——生产设备 　实收资本——×单位投入		150 000	150 000
3	借入临时借款	银行存款 　短期借款——临时借款		50 000	50 000
4	借入长期借款购买基建材料	①银行存款 　长期借款 ②工程物资——×材料 　银行存款		500 000 500 000	500 000 500 000
5	归还临时借款	短期借款——临时借款 　银行存款		50 000	50 000
6	以固定资产对外投资	长期股权投资——×单位 累计折旧 　固定资产——汽车		120 000 30 000	150 000
7	出售机器,价款收到	①固定资产清理——机器 累计折旧——机器 　固定资产——机器 ②银行存款 　固定资产清理——机器		20 000 10 000 20 000	30 000 20 000
8	支付职工医药费	应付职工薪酬——福利费 　银行存款		3 000	3 000

习题七题解

编制会计分录:

单位:元

顺序号	日期	摘要	账户名称	过账	借方金额	贷方金额
1		销售产品,货款存入银行	银行存款 　主营业务收入 　应交税费——应交增值税		1 130 000	1 000 000 130 000
2		购入材料,支付货款	材料采购——×材料 应交税费——应交增值税 　银行存款		201 000 26 090	227 090
3		临时借款存入银行	银行存款 　短期借款——临时借款		100 000	100 000
4		3个月的应付票据到期付款	应付票据——××× 财务费用——利息支出 　银行存款		20 000 360	20 360
5		收到应收账款存入银行	银行存款 　应收账款——×××		80 000	80 000
6		差旅费借支	其他应收款——××× 　库存现金		5 000	5 000
7		支付管理费用、销售费用	管理费用——租赁费 销售费用——运杂费 　银行存款		25 500 3 700	29 200
8		以银行存款支付本季借款利息	财务费用——利息支出 　银行存款		1 500	1 500
9		支付咨询费	管理费用——咨询费 　银行存款		300	300
10		结转产品销售成本	主营业务成本 　库存商品		859 640	859 640

(续表)

顺序号	日期	摘　要	账户名称	过账	借方金额	贷方金额
11-1		计算产品消费税	税金及附加——消费税 应交税费——应交消费税		9 000	9 000
11-2		交纳消费税	应交税费——应交消费税 银行存款		9 000	9 000
12-1		结转各项收入	主营业务收入 本年利润		1 000 000	1 000 000
12-2		结转各项支出	本年利润 主营业务成本 税金及附加 销售费用 管理费用 财务费用		900 000	859 640 9 000 3 700 25 800 1 860
13-1		计算应交所得税	所得税费用 应交税费——应交所得税		25 000	25 000
13-2		结转所得税费用	本年利润 所得税费用		25 000	25 000
14		将税后净利润转入"利润分配"账户	本年利润 利润分配		75 000	75 000
15		计提法定盈余公积	利润分配——提取法定盈余公积 盈余公积——提取法定盈余公积		7 500	7 500

习题八题解

1. 根据习题一资料，第2、第3两笔材料采购业务计算：

（1）运费和装卸费的分配 $= \dfrac{720}{1\,600+800} = \dfrac{720}{2\,400}$

$= 0.3$（元/千克）

甲种材料应分摊费用 $= 1\,600 \times 0.3 = 480$（元）

乙种材料应分摊费用 = $800 \times 0.3 = 240$(元)

(2) 甲种材料采购成本 = $16\,000 + 480 = 16\,480$(元)

乙种材料采购成本 = $12\,800 + 240 = 13\,040$(元)

2. 根据习题一资料,第6、第7两笔材料采购业务计算:

(1) 运费和装卸费的分配 = $\dfrac{720}{550+350} = \dfrac{720}{900} = 0.8$(元/千克)

甲种材料应分摊费用 = $550 \times 0.8 = 440$(元)

乙种材料应分摊费用 = $350 \times 0.8 = 280$(元)

(2) 甲种材料采购成本 = $5\,500 + 440 = 5\,940$(元)

乙种材料采购成本 = $5\,600 + 280 = 5\,880$(元)

习题九题解

1. 制造费用 = $2\,000 + 280 + 600 + 200 + 400 + 237 = 3\,717$(元)

按 A、B 产品生产工人工资分配:

每元工资应负担的制造费用 = $\dfrac{3\,717}{5\,700+4\,560} = \dfrac{3\,717}{10\,260} = 0.362\,3$(元)

A 产品应负担制造费用 = $5\,700 \times 0.362\,3 = 2\,065$(元)

B 产品应负担制造费用 = $4\,560 \times 0.362\,3 = 1\,652$(元)

2. A 产品生产成本 = $1\,575 + 1\,656 + 5\,000 + 700 + 2\,065 = 10\,996$(元)

B 产品生产成本 = $1\,260 + 1\,320 + 4\,000 + 560 + 1\,652 = 8\,792$(元)

3. 产品生产成本计算表:

产品生产成本计算表

单位:元

成本项目	A 产品		B 产品	
	总成本(100 件)	单位成本	总成本(80 件)	单位成本
直接材料	3 231	32.31	2 580	32.25
直接人工	5 700	57.00	4 560	57.00
制造费用	2 065	20.65	1 652	20.65
产品生产成本	10 996	109.96	8 792	109.90

习题十题解

A产品销售成本＝500×45＝22 500(元)
B产品销售成本＝300×115＝34 500(元)
A、B两种产品的销售成本合计＝57 000(元)

习题十一题解

1. 编制会计分录：

单位：元

顺序号	摘要	账户名称	过账	借方金额	贷方金额
1	发出甲材料用于生产A、B产品	生产成本——A产品 　　　　　——B产品 　原材料——甲材料		21 900 18 100	 40 000
2	发出辅助材料车间使用	制造费用 　原材料——辅助材料		2 000	 2 000
3	提现	库存现金 　银行存款		30 000	 30 000
4	支付职工工资	应付职工薪酬——工资 　库存现金		24 000	 24 000
5	购入甲材料支付货款、运费	①材料采购——甲材料 　应交税费——应交增值税 　银行存款		15 000 1 950	 16 950
	按材料实际成本转账	②原材料——甲材料 　材料采购——甲材料		15 000	 15 000
6	购入乙材料，支付商业汇票	材料采购——乙材料 应交税费——应交增值税 　应付票据——八一厂		40 000 5 200	 45 200
7	支付乙材料运费	①材料采购——乙材料 　库存现金		600	 600
	按材料实际成本转账	②原材料——乙材料 　材料采购——乙材料		40 600	 40 600
8	收回货款	银行存款 　应收账款——新华厂		3 000	 3 000
9	上交税费	应交税费——应交消费税 　银行存款		1 000	 1 000

第二部分 参考答案

（续表）

顺序号	摘要	账户名称	过账	借方金额	贷方金额
10	分配职工工资	生产成本——A产品		10 000	
		——B产品		10 000	
		制造费用——工资		3 000	
		管理费用——工资		1 000	
		应付职工薪酬——工资			24 000
11	分配职工福利费	生产成本——A产品		1 400	
		——B产品		1 400	
		制造费用——福利费		420	
		管理费用——福利费		140	
		应付职工薪酬——福利费			3 360
12	计提固定资产折旧	制造费用——折旧费		2 380	
		管理费用——折旧费		780	
		累计折旧			3 160
13	支付车间负担的费用	制造费用——办公费		1 400	
		银行存款			1 400
14	将制造费用计入产品成本	生产成本——A产品		4 600	
		——B产品		4 600	
		制造费用			9 200
15	结转A产品生产成本	库存商品——A产品		37 900	
		生产成本——A产品			37 900
16	出售A、B产品，货款未收	应收账款——新华厂		126 560	
		主营业务收入			112 000
		应交税费——应交增值税			14 560
17	结转A、B产品销售成本	主营业务成本——A产品		36 000	
		——B产品		44 000	
		库存商品——A产品			36 000
		——B产品			44 000
18	支付产品销售费用	销售费用——包装费		300	
		——运杂费		800	
		库存现金			1 100
19	支付借款利息	财务费用——利息支出		5 000	
		银行存款			5 000
20	支付管理费用	管理费用		1 200	
		银行存款			1 200

(续表)

顺序号	摘要	账户名称	过账	借方金额	贷方金额
21	结算产品消费税	税金及附加——消费税 应交税费——应交消费税		5 600	5 600
22	辅助材料短缺作非常损失	营业外支出——非常损失 原材料——辅助材料		1 120	1 120
23	没收包装物押金	其他应付款——××单位 营业外收入——包装物押金 应交税费——应交增值税		300.00	265.49 34.51
24	出售甲材料	①银行存款 　其他业务收入——甲材料 　应交税费——应交增值税		2 260	2 000 260
	结转材料成本	②其他业务成本——甲材料 　原材料——甲材料		1 500	1 500
25	结转各收入账户	①主营业务收入 　其他业务收入 　营业外收入 　本年利润		112 000 2 000 265.49	114 265.49
	结转各支出账户	②本年利润 　主营业务成本 　税金及附加 　其他业务成本 　销售费用 　管理费用 　财务费用 　营业外支出		97 440	80 000 5 600 1 500 1 100 3 120 5 000 1 120
26	按利润总额117 025.49元(期初100 200元+本月16 825.49元)计算应交所得税	①所得税费用 　应交税费——应交所得税 ②本年利润 　所得税费用		29 256.37 29 256.37	29 256.37 29 256.37
27	将净利润转入利润分配	本年利润 　利润分配		87 769.12	87 769.12
28	计提法定盈余公积	利润分配——计提法定盈余公积 　盈余公积——计提法定盈余公积		8 776.91	8 776.91

2. 登记总分类账户：

借方	生产成本		贷方
①	40 000	⑮	37 900
⑩	20 000		
⑪	2 800		
⑭	9 200		
本期发生额	72 000	本期发生额	37 900
期末余额	34 100		

借方	材料采购		贷方
⑤-1	15 000	⑤-2	15 000
⑥	40 000	⑦-2	40 600
⑦-1	600		
本期发生额	55 600	本期发生额	55 600

借方	原材料		贷方
期初余额	125 000	①	40 000
⑤-2	15 000	②	2 000
⑦-2	40 600	㉒	1 120
		㉔-2	1 500
本期发生额	55 600	本期发生额	44 620
期末余额	135 980		

借方	库存商品		贷方
期初余额	164 000	⑰	80 000
⑮	37 900		
本期发生额	37 900	本期发生额	80 000
期末余额	121 900		

借方	库存现金		贷方
期初余额	1 300	④	27 360
③	30 000	⑦-2	600
		⑱	1 100
本期发生额	30 000	本期发生额	29 060
期末余额	2 240		

借方	银行存款		贷方
期初余额	139 200		
⑧	3 000	③	30 000
㉔-1	2 260	⑤-1	16 950
		⑨	1 000
		⑬	1 400
		⑲	5 000
		⑳	1 200
本期发生额	5 260	本期发生额	55 550
期末余额	88 910		

借方	应收账款		贷方
期初余额	3 000	⑧	3 000
⑯	126 560		
本期发生额	126 560	本期发生额	3 000
期末余额	126 560		

借方	利润分配		贷方
期初余额		㉗	87 769.12
㉘	8 776.91		
本期发生额	8 776.91	本期发生额	87 769.12
		期末余额	78 992.21

借方	固定资产	贷方		借方	累计折旧	贷方
期初余额 882 000					期初余额	154 600
					⑫	3 160
本期发生额 —	本期发生额 —			本期发生额 —	本期发生额	3 160
期末余额 882 000					期末余额	157 760

借方	应交税费	贷方		借方	本年利润	贷方
	期初余额	1 000			期初余额	100 200
⑤-1 1 950	⑯	14 560		㉕-2 97 440		
⑥ 5 200	㉑	5 600		㉖-2 29 256.37	㉕-1	114 265.49
⑨ 1 000	㉓	34.51		㉗ 87 769.12		
	㉔-1	260		本期	本期	
	㉖-1	29 256.37		发生额 214 465.49	发生额	114 265.49
本期发生额 8 150	本期发生额	49 710.88			期末余额	—
	期末余额	42 560.88				

借方	应付职工薪酬	贷方		借方	应付账款	贷方
④ 27 360	⑩	24 000			期初余额	1 000
	⑪	3 360				
本期发生额 27 360	本期发生额	27 360		本期发生额 —	本期发生额	—
	期末余额	—			期末余额	1 000

借方	其他应付款	贷方		借方	短期借款	贷方
	期初余额	800			期初余额	42 900
㉓ 300				本期发生额 —	本期发生额	—
本期发生额 300	本期发生额	—			期末余额	42 900
	期末余额	500				

借方	盈余公积	贷方		借方	实收资本	贷方
	期初余额	14 000			期初余额	1 000 000
	㉘	8 776.91				
本期发生额 —	本期发生额	8 776.91		本期发生额 —	本期发生额	—
	期末余额	22 776.91			期末余额	1 000 000

借方	制造费用		贷方		借方	管理费用		贷方
②	2 000	⑭	9 200		⑩	1 000	㉕-2	3 120
⑩	3 000				⑪	140		
⑪	420				⑫	780		
⑫	2 380				⑳	1 200		
⑬	1 400							
本期发生额	9 200	本期发生额	9 200		本期发生额	3 120	本期发生额	3 120

借方	财务费用		贷方		借方	销售费用		贷方
⑲	5 000	㉕-2	5 000		⑱	1 100	㉕-2	1 100
本期发生额	5 000	本期发生额	5 000		本期发生额	1 100	本期发生额	1 100

借方	税金及附加		贷方		借方	主营业务成本		贷方
㉑	5 600	㉕-2	5 600		⑰	80 000	㉕-2	80 000
本期发生额	5 600	本期发生额	5 600		本期发生额	80 000	本期发生额	80 000

借方	其他业务收入		贷方		借方	其他业务成本		贷方
㉕-1	2 000	㉔-1	2 000		㉔-2	1 500	㉕-2	1 500
本期发生额	2 000	本期发生额	2 000		本期发生额	1 500	本期发生额	1 500

借方	营业外收入		贷方		借方	所得税费用		贷方
㉕-1	265.49	㉓	265.49		㉖-1	29 256.37	㉖-2	29 256.37
本期发生额	265.49	本期发生额	265.49		本期发生额	29 256.37	本期发生额	29 256.37

借方	营业外支出		贷方		借方	主营业务收入		贷方
㉒	1 120	㉕-2	1 120		㉕-1	126 560	⑯	126 560
本期发生额	1 120	本期发生额	1 120		本期发生额	126 560	本期发生额	126 560

借方	应付票据		贷方
		⑥	45 200
本期发生额	—	本期发生额	45 200
		期末余额	45 200

3. 编制总分类账户本期发生额对照表：

单位：元

账户名称	期初余额		本期发生额		期末余额	
	借方	贷方	借方	贷方	借方	贷方
库存现金	1 300		30 000	29 060	2 240	
银行存款	139 200		5 260	55 550	88 910	
应收账款	3 000		126 560	3 000	126 560	
生产成本	—		72 000	37 900	34 100	
原材料	125 000		55 600	44 620	135 980	
材料采购	—		55 600	55 600	—	
库存商品	164 000		37 900	80 000	121 900	
固定资产	882 000		—	—	882 000	
利润分配			8 776.91	87 769.12		78 992.21
短期借款		42 900	—			42 900
应付账款		1 000	—	—		1 000
其他应付款		800	300			500
应付票据		—		45 200		45 200
应交税费		1 000	8 150	49 710.88		42 560.88
应付职工薪酬		—	27 360	27 360		
累计折旧		154 600	—	3 160		157 760
本年利润		100 200	214 465.49	114 265.49		—
盈余公积		14 000	—	8 776.91		22 776.91

(续表)

账户名称	期初余额		本期发生额		期末余额	
	借方	贷方	借方	贷方	借方	贷方
实收资本		1 000 000	—	—		1 000 000
制造费用			9 200	9 200		
管理费用			3 120	3 120		
财务费用			5 000	5 000		
销售费用			1 100	1 100		
税金及附加			5 600	5 600		
主营业务成本			80 000	80 000		
其他业务收入			2 000	2 000		
其他业务成本			1 500	1 500		
营业外收入			265.49	265.49		
所得税费用			29 256.37	29 256.37		
营业外支出			1 120	1 120		
主营业务收入			126 560	126 560		
合　计	1 314 500	1 314 500	906 694.26	906 694.26	1 391 690	1 391 690

四、商品流通企业主要经营过程核算

填 空 题

1. 数量　金额　双重
2. 顺算成本法　倒算成本法
3. 售价大于进价　进价大于售价
4. 销售费用　管理费用　财务费用
5. 商品的进价成本
6. 调整
7. 商品流通　活劳动　物化劳动
8. 因筹集资金

单项选择题

1. B　2. A　3. D　4. B　5. A　6. C　7. C　8. B

多项选择题

1. BE　2. ABC　3. AD　4. CD　5. ADE　6. ABCD　7. ACF　8. AC

判断并改错题

1. 错（商品流通过程包括商品购进和商品销售两个阶段。）

2. 对

3. 错（批发企业的库存商品核算一般有数量进价金额核算和数量售价金额核算两种方法。）

4. 对

5. 错（按规定，购进商品所支付的运费，可以根据发票所列金额按10%扣除进项增值税。）

6. 对

7. 错(企业采用顺算成本法计算商品销售成本,应先计算商品销售成本,再计算期末库存金额。)

8. 错(零售商品购进核算与批发商品购进核算的方法不同,设置使用的账户也不完全一致,零售商品购进核算要增设"商品进销差价"账户。)

名 词 解 释

1. 商品流转是指工农业产品通过买卖方式从生产领域转移到消费领域的转移过程。

2. 营业利润是营业净收入(扣除商品折扣与折让)－营业成本－税金及附加－期间费用＋投资收益。

3. 数量进价金额核算是指同时采用数量和进价金额两种计量单位进行核算。

4. 商品流通费是商品流通企业在组织商品流通过程中所耗费的活劳动和物化劳动的货币表现。

5. 转账摊销费用是指不通过货币结算而用转账摊销的形式计入费用。

6. 直接支付费用是指直接以现金或银行存款支付应由本期负担的费用。

7. 售价金额核算又称"拨货计价,实物负责制"。其主要内容有建立实物负责制,售价记账、金额控制,设置"商品进销差价"账户,加强物价管理和健全商品盘点制度等。

8. 商品流通企业的财务成果是全部经营活动的最终成果,即利润或亏损。

简 答 题

1. 批发商品核算的方法一般有数量进价金额核算和数量售价金额核算两种。数量进价金额核算要设置"库存商品"的总分类账、类目账和明细分类账,统一按进价记账,并定期计算和结转已销商品的进价成本。

数量售价金额核算基本与数量进价金额核算相同,其不同点是:①"库存商品"总分类账、类目账、明细分类账均按售价记账;② 设置"商品进销差价"账户,核算商品进价与售价之间的差额,并定期分摊进销差价,计算已销商品进价成本和结存商品的进价金额。

2. 批发商品购进过程需要设置"在途物资"和"库存商品"账户,前者主要核算企业购入商品的采购成本;后者主要核算验收入库用于销售的各种商品。

3. 批发商品销售过程需要设置"主营业务收入"和"主营业务成本"账户,前者主要核算出售商品取得的销售收入,后者主要核算出售商品的进价成本。

4. "销售费用"账户的主要核算内容是企业在购进和销售过程中所发生的商品流通费用。不单独设置"管理费用"账户的企业,其企业的管理费用也在此账户核算。

5. 利润的形成和分配应通过"本年利润"和"利润分配"账户进行核算。

6. 批发商品销售成本是指已销商品的进价成本。其计算方法有两个:

一是顺算成本法,其计算公式为:

(1) 本期商品销售成本=本期商品销售数量×进货单价

(2) 期末库存商品金额=期末库存数量×进货单价

二是倒算成本法,其计算公式为:

(1) 期末库存金额=期末库存数量×进货单价

(2) 本期商品销售成本=期初库存金额+本期增加金额

  —本期非商品销售减少金额

  —期末库存金额

论述题(解答提示)

1. 售价金额核算是一种售价记账与实物负责相结合的核算制度。

因此它既是核算方法,又是商品管理制度。其主要内容有:

(1) 建立实物负责制,按商品经营的品种和地点,确定实物负责人,对其经营的商品负完全责任。

(2) 实行售价记账,金额控制。零售商品的进、销、存均按售价记账,只记金额,不记数量。"库存商品"总分类账反映总金额,明细分类账按实物负责人分户。

(3) 设置"商品进销差价"账户,反映零售商品进价与售价之间的差额。

(4) 明码标价,加强物价管理。

(5) 健全商品盘点制度,定期检查库存商品账实相符情况。

零售商品数量零星、交易频繁,采用售价金额核算,可以简化手续,减少工作量,有利于提高工作效率和服务质量;其不足之处是因无数量记录,一旦发生差错,难以查明原因。

2. 产品制造企业的资金运动是:货币资金→储备资金→生产资金→成品资金→货币资金。商品流通企业的资金运动是:货币资金→商品资金→货币资金。

从两个资金运动方式来看,其相同点是:两者都是从货币资金形态开始,通过不断改变形态,循环周转,最后又回到货币资金形态。

两者的不同点是:产品制造企业的资金循环要经过供、产、销三个阶段,转变四种形态(货币资金、储备资金、生产资金、成品资金);而商品流通企业的资金循环只经过购、销两个阶段,转变两种形态(货币资金、商品资金),比产品制造企业少了一个生产阶段,少转变两种形态。因此,商品流通企业的经营过程较为简单,资金循环从货币→货币的时间短,速度快。

业务计算题

习题一题解

编制会计分录:

单位：元

顺序号	摘要	账户名称	过账	借方余额	贷方余额

1	市内购入牙膏，支付货款，验收入库	库存商品——牙膏
		  应交税费——应交增值税
		  银行存款
				4 200
				546
					4 746

2	外地购入香皂，支付货款、运费，商品未到*	在途物资——香皂 应交税费——应交增值税 销售费用——运杂费 银行存款		2 400 312 42	2 754
3	香皂到货	库存商品——香皂 在途物资——香皂		2 400	2 400

4	售出彩电，货款未收，结转商品销售成本	①应收账款——电视机商店
		  主营业务收入
		  应交税费——应交增值税
		②主营业务成本
		  库存商品——电视机
				56 500
				
				42 120
					50 000
					6 500
					
					42 120

5	售于外地商品代垫运费，办妥托收手续	应收账款——南昌家电公司
		  主营业务收入
		  应交税费——应交增值税
		  银行存款
				19 810	17 000
					2 210
					600

6	托收货款已到	银行存款 应收账款——南昌家电公司		19 810	19 810
7	向厦门运动鞋厂购入运动鞋，支付货款，商品未到	在途物资——运动鞋 应交税费——应交增值税 销售费用——运杂费 银行存款		40 000 5 200 400	45 600
8	运动鞋运到，验收入库	库存商品——运动鞋 在途物资——运动鞋		40 000	40 000

(续表)

顺序号	摘要	账户名称	过账	借方余额	贷方余额
9	售出运动鞋,商品发出,款未收到,结转主营业务收入	①应收账款——百货商厦 主营业务收入 应交税费——应交增值税 ②主营业务成本 库存商品——运动鞋		8 136 6 000	 7 200 936 6 000
10	收到百货商厦货款	银行存款 应收账款——百货商厦		8 136	 8 136

* 根据税法规定,对商品流通企业外购商品所支付的运费(不包括装卸费等杂费),准予按运费金额扣除9%的进项税额,为便于综合练习,本习题暂不考虑这一因素。(全书同)

习题二题解

编制会计分录:

单位:元

顺序号	摘要	账户名称	过账	借方余额	贷方余额
1	购入小商品支付货款,商品入库	库存商品——百货 应交税费——应交增值税 银行存款 商品进销差价——百货		13 560 1 352	 11 752 3 160
2	购入练习本,商品入库,支付货款	库存商品——文具 应交税费——应交增值税 银行存款 商品进销差价——文具		13 560 1 300	 11 300 3 560
3	购入服装,货款已付,商品未到	在途物资——服装 应交税费——应交增值税 银行存款		5 860.00 761.80	 6 621.80

171

(续表)

顺序号	摘要	账户名称	过账	借方余额	贷方余额
4	服装已到,验收入库	库存商品——服装 在途物资——服装 商品进销差价——服装		7 748.80	5 860.00 1 888.80
5	商品已入库,货款未付,转账	库存商品——针织 应交税费——应交增值税 应付账款——××单位 商品进销差价——针织		24 400 2 600	22 600 4 400
6	本月销货收入送存银行,同时结转商品销售成本	①库存现金 　主营业务收入 　应交税费——应交增值税 ②银行存款 　库存现金 ③主营业务成本 　库存商品		21 300 21 300 18 849.56	 18 849.56 2 450.44 21 300 18 849.56
7	计算和结转已销商品进销差价 百货柜进销差价率13.83% 文具柜进销差价率11.99% 针织柜进销差价率12.63% 服装柜进销差价率14.00%	商品进销差价——百货 　　　　　　——文具 　　　　　　——针织 　　　　　　——服装 　主营业务成本		24 379.52 31 703.96 77 068.26 101 366.65	 234 518.19

转账:

营业柜	月末分摊前"商品进销差价"账户月末余额	月末"库存商品"账户余额	本月"主营业务收入"账户贷方发生额（含税）	增值税销项税额	进销差价率	已销商品进销差价（含税）
百货	36 000	84 000	176 280	20 280	13.83%	24 379.52
文具	46 800	126 000	264 420	30 420	11.99%	31 703.96
针织	137 700	480 000	610 200	70 200	12.63%	77 068.26
服装	174 750	524 250	724 047.50	83 297.50	14.00%	101 366.65

习 题 三 题 解

编制会计分录：

单位：元

顺序号	摘 要	账户名称	过账	借方金额	贷方金额
1	支付运输装卸费	销售费用——运杂费 银行存款		3 080	3 080
2	支付房租	销售费用——租赁费 管理费用——租赁费 银行存款		7 000 1 000	8 000
3	领用低值易耗品，予以摊销	管理费用——低值易耗品摊销 低值易耗品——手推车		300	300
4	支付书报费	管理费用——办公费 银行存款		420	420
5	支付修理费	管理费用——修理费 银行存款		1 400	1 400
6	支付咨询费	管理费用——咨询费 银行存款		1 200	1 200
7	采购员借支	其他应收款——××× 库存现金		2 000	2 000

(续表)

顺序号	摘要	账户名称	过账	借方金额	贷方金额
8	经理报销差旅费	管理费用——差旅费		1 890	
		库存现金		110	
		其他应收款——×××			2 000
9	支付广告费	销售费用——广告费		3 000	
		银行存款			3 000
10	支付借款利息	财务费用——利息支出		4 500	
		银行存款			4 500

习题四题解

编制会计分录：

单位：元

顺序号	摘要	账户名称	过账	借方金额	贷方金额
1-1	结转各收入账户余额	主营业务收入		3 000 000	
		其他业务收入		109 000	
		营业外收入		1 000	
		本年利润			3 110 000
1-2	结转各支出账户余额	本年利润		2 820 000	
		主营业务成本			2 560 000
		其他业务成本			72 000
		销售费用			97 000
		管理费用			51 000
		财务费用			39 200
		营业外支出			800
2-1	按利润总额25%计算应交所得税	所得税费用		72 500	
		应交税费——应交所得税			72 500
2-2	结转应交所得税费用	本年利润		72 500	
		所得税费用			72 500
2-3	将税后利润转入利润分配账户	本年利润		217 500	
		利润分配			217 500
3	计提盈余公积金	利润分配——提取法定盈余公积		21 750	
		盈余公积——提取法定盈余公积			21 750

第二部分 参考答案

习题五题解

编制会计分录:

单位:元

顺序号	日期	摘要	账户名称	过账	借方金额	贷方金额
1		归还短期借款本息	短期借款 财务费用 　银行存款		200 000 6 000	 206 000
2		购入股票10 000股	交易性金融资产——股票 　银行存款		30 300	 30 300
3		出售股票10 000股	银行存款 　交易性金融资产——股票 　投资收益		32 300	 30 300 2 000
4		王某出差工资暂存	库存现金 　其他应付款——×××		900	 900
5		购药品一批	应付职工薪酬——福利费 　银行存款		3 500	 3 500
6		购入固定资产设备	固定资产——设备 　银行存款		69 600	 69 600
7		计提固定资产本月折旧=$\left(\frac{190\,000-10\,000}{5}\right)\div 12$ =3 000(元)	管理费用——折旧费 　累计折旧		3 000	 3 000
8		出售包装物	银行存款 　其他业务收入 　应交税费——应交增值税		226	 200 26
9		购入商品一批 (商品进销差价内含毛利10 000元、销项税额14 300元)	库存商品 应交税费——应交增值税 　商品进销差价 　银行存款		124 300 13 000	 24 300 113 000
10-1		出售商品一批	银行存款 　主营业务收入		64 350	 64 350
10-2		结转商品销售成本	主营业务成本 　库存商品		64 350	 64 350

(续表)

顺序号	日期	摘要	账户名称	过账	借方金额	贷方金额
11		计算和结转商品进销差价＝ $\frac{24\,300}{124\,300} \times 100\% \times 64\,350 =$ $19.55\% \times 64\,350 = 12\,580(元)$	商品进销差价　主营业务成本		12 580	12 580
12		计算和结转销项增值税＝ $\frac{64\,350}{1+13\%} \times 13\% = 7\,403.10(元)$	主营业务收入　应交税费——应交增值税		7 403.10	7 403.10

五、企业会计账户分类

填 空 题

1. 备抵账户 附加账户 备抵附加账户
2. 盘存账户 结算账户 跨期摊配账户 资本账户
3. 长期待摊费用
4. 资产 负债 所有者权益 成本 损益
5. 盘存 结算 跨期摊配 资本 调整 集合分配 成本计算 集合配比 财务成果计算
6. 结算资产 结算负债 结算资产负债
7. "应收账款"账户
8. 被调整账户

单项选择题

1. A 2. B 3. D 4. D 5. D 6. B 7. A 8. D

多项选择题

1. ABE 2. BEF 3. AEF 4. ABF 5. ABD 6. ADEF 7. ABC 8. ACEF

判断并改错题

1. 错(按用途和结构分类,"材料采购"账户的期末余额属于盘存账户,其本期发生额属于成本计算账户。)

2. 对

3. 错(按用途和结构分类,"累计折旧"账户应属于备抵调整账户。)

4. 错(按经济内容分类,"长期待摊费用"账户应属于资产类。)

5. 对

6. 错(按经济内容分类,"应付账款"账户应属于负债类。)

7. 错(属于所有者权益的所有账户,按用途和结构分类,除"本年利润"账户是财务成果计算账户外,其他都属于资本账户。)

8. 对

名词解释

1. 账户的用途是指通过账户的记录能够提供什么核算资料。

2. 账户的结构是指在账户中如何提供核算资料,借方登记什么,贷方登记什么,怎样进行登记,其余额反映什么内容。

3. 盘存账户是指可以进行实物盘点的各种财产、物资和货币资金的增减变动及其实有数额的账户。

4. 调整账户是指用来调整有关账户账面余额的账户。调整账户按其调整方式的不同,可以分为备抵账户、附加账户和备抵附加账户。

5. 集合分配账户是用来汇集和分配生产经营过程中某一阶段所发生的有关生产费用的账户。其借方登记费用发生数;贷方登记费用分配数,一般无余额。

6. 备抵账户是用来抵减被调整账户余额,以求得被调整账户实际余额的账户。其特点是被调整账户性质和期末余额方向与调整账户不一致。

7. 资本账户是用来核算和监督企业资本金的所有者权益的账户,其贷方登记各项资本金增加数;借方登记各项资本金减少数,余额在贷方。

8. 跨期摊配账户是用来核算和监督应由若干个成本计算期的产品成本共同负担的费用,并将这些费用在各个成本计算期进行分摊,借以正确计算成本的账户。

简答题

1. 账户按经济内容分为五类:一是资产类账户,分流动资产账户和非流动资产账户;二是负债类账户,分流动负债账户、非流动负债账户;三是所有者权益账户;四是成本类账户;五是损益类账户。

2. 账户按用途和结构分为三大类九小类:一是基本账户,分盘存账户、结算账户、跨期摊配账户和资本账户四小类;二是调整账户;三是业务账户,分集合分配账户、成本计算账户、集合配比账户和财务成果计算账户四小类。

3. 调整账户是用来调整有关账户的账面余额而设置的账户。调整账户按其调整方式的不同,又可分为备抵账户、附加账户和备抵附加账户三种。

4. 结算账户是用来核算和监督企业同其他单位或个人以及企业内部各单位之间的债权(应收)债务(应付)结算关系的账户。按结算性质又可分为结算资产账户、结算负债账户和结算资产负债账户三种。

5. 盘存账户是用来核算和监督可以进行实物盘点的各种财产、物资和货币资金增减变动及其实有数额的账户。盘存账户的特点是所反映的内容都是实物,可以进行盘点,包括了企业主要的资产账户,其结构特点是借方登记增加数,贷方登记减少数,余额都在借方。

6. 集合分配账户是用来汇集和分配企业生产经营过程中某一阶段所发生的有关生产费用,借以核算和监督有关生产费用计划执行及分配情况的账户。而集合配比账户则是用来汇集经营过程中所取得的收入和发生的成本、费用和营业外收支,借以在期末进行配合比较,计算确定经营期内的财务成果的账户。两者的用途是不同的。

论述题(解答提示)

1. 为了全面核算企业生产经营过程,需要设置众多的账户进行核算。通过账户记录可以取得企业经营管理所需各种核算资料。为了更好地设置和运用账户,对各种账户进行适当分类,有助于完善地建立账户体系,进一步掌握各类账户提供核算资料的规律性。

账户分类主要按其经济内容及用途和结构两方面进行,两者的作用是不同的。按经济内容分类,因为账户所要核算和监督的具体内容就是账户的经济性质,这样分类有利于从账户中取得需要的核算指标,从而明确每个账户的核算内容,以准确区分其经济性质。按用途和结构分类,是在账户按经济内容分类的基础上进行的,将用途和结构基本相同的账户进行适当归类,这样可以了解该账户能提供什么资料,如何提供资料,借方登记什么?贷方登记什么?怎样进行登记?其余额反映什么内容,使我们能明确各个账户不同的使用方法和具体作用。

2. 基本账户是用来核算和监督资产、负债和所有者权益的增减变动和实有数情况的账户。这类账户有盘存账户、结算账户、跨期摊配账户、资本账户。其特点是所反映的内容都是经济活动的基础,因此称为基本账户。例如,盘存账户是核算监督可以进行实物盘点的各种财产,包括"库存现金""银行存款""原材料""库存商品""固定资产"等账户。这些账户几乎包括了企业主要的资产账户。又如,结算账户是核算监督企业与其他单位或个人之间以及企业内部的全部债权、债务,包括了企业主要的负债账户和部分资产账户。再如,资本账户是核算和监督企业资本金的所有者权益账户。所有这些账户都是企业的经济活动基础,其反映的指标的重要性是显而易见的。

业 务 计 算 题

习 题 一 题 解

	资产账户	负债账户	所有者权益账户	成本账户	损益账户
盘存账户	银行存款 库存现金 库存商品 固定资产				
结算账户	应收账款 预付账款	应付账款 短期借款 应付票据 应交税费			
跨期摊配账户	长期待摊费用				
资本账户			实收资本 盈余公积 利润分配		

(续表)

	资产账户	负债账户	所有者权益账户	成本账户	损益账户
调整账户	累计折旧				
集合分配账户				制造费用	
成本计算账户				生产成本	
集合配比账户					财务费用 管理费用 主营业务收入 主营业务成本 其他业务成本
财务成果账户			本年利润		

习题二题解

1. 各账户按用途和结构分类：

顺序号	账 户 名 称	类 别
1	应收账款	结算资产账户
2	坏账准备	抵减账户
3	固定资产	盘存账户
4	累计折旧	抵减账户

2. 各账户期末余额：

单位：元

顺序号	账 户 名 称	期 末 余 额
1	应收账款	30 000
2	坏账准备	500
3	固定资产	460 000
4	累计折旧	199 000

3. 期末净额:

单位:元

账户名称	期末净额	算式
应收账款	29 500	30 000－500＝29 500
固定资产	261 000	460 000－199 000＝261 000

六、会 计 凭 证

填 空 题

1. 现金付款凭证
2. 原始凭证　记账凭证
3. 收款凭证　付款凭证　转账凭证
4. 自制原始凭证　外来原始凭证
5. 单式记账凭证　复式记账凭证
6. 分录凭证　汇总凭证　联合凭证
7. 库存现金　银行存款
8. 单式记账凭证

单 项 选 择 题

1. B　2. C　3. B　4. B　5. D　6. A　7. C　8. B

多 项 选 择 题

1. ABCD　2. BDF　3. CDE　4. ABD　5. BE　6. ADEF　7. AD　8. ABCDF

判断并改错题

1. 错(会计凭证按编制程序和用途不同,可以分为原始凭证和记账凭证两种。)

2. 错(记账凭证按其所反映的经济业务不同,可以分为收款凭证、付款凭证和转账凭证。)

3. 对

4. 错(付款凭证可用于银行存款和现金付出业务。)

5. 对

6. 错(记账凭证按填制方法不同,可以分为单式记账凭证和复式记账凭证。)

7. 错（原始凭证的内容中不包括会计分录。）

8. 对

名 词 解 释

1. 会计凭证是记录经济业务、明确经济责任，并具有法律效力的书面证明。

2. 记账凭证是财会部门根据原始凭证填制，记载经济业务简要内容，确立会计分录，作为记账依据的会计凭证。

3. 原始凭证是在经济业务发生或完成时取得或编制的。它载明经济业务的具体内容，是明确经济责任、具有法律效力的书面证明。

4. 累计凭证是指一定时期内记载同类重复发生的经济业务，填制手续是在一张凭证中多次进行才能完成的原始凭证。

5. 自制原始凭证是指由本单位经办业务的部门和人员在执行或完成某项经济业务时所填制的凭证。

6. 转账凭证是指用于不涉及现金和银行存款收付业务的其他转账业务所编制的记账凭证。

7. 分录凭证是指直接根据原始凭证填制，载明会计科目、记账方向和金额的凭证。

8. 汇总凭证是指对分录凭证加以汇总，据以登记分类账的记账凭证。

简 答 题

1. 会计凭证分为原始凭证和记账凭证两大类。原始凭证是在经济业务发生或完成时取得或编制的，是明确经济责任、具有法律效力的书面证明；记账凭证是根据原始凭证编制而成的，是记载经济业务、确定会计分录作为登记账簿的依据。

2. 记账凭证按其经济业务的类别不同，分为收款凭证、付款凭证和转账凭证三种。收款凭证和付款凭证是用来记录现金和银行存款的收入和支出业务的记账凭证；转账凭证是用来记录那些不涉及货币资金的转账业务的记账凭证。

3. 原始凭证的基本内容有：原始凭证的名称，填制凭证的日期和凭证的编号，填制接受单位的单位名称，经济业务的数量、计量单位、单价和金额，以及填制单位的公章和有关人员签章等。

4. 记账凭证和基本内容有：记账凭证的名称、日期和编号；填制单位的名称；经济业务的内容摘要；会计分录；所附原始凭证张数以及有关经办人员签章等（如会计主管、制单、审核、记账、出纳等人员）。

5. 填制原始凭证的要求是：内容真实可靠；手续完备；项目填写完整清楚；妥善保管、及时流转；按规定填写票据和结算凭证等。

填制记账凭证的要求是：正确填写会计分录；摘要简明扼要；附有原始凭证并注明张数；有关经办人员签章；连续编号；及时传递等。

6. 正确组织会计凭证传递，有利于各部门及时得到会计资料、掌握时间、提高工作效率；有利于凭证流转和物资流转有序进行；有利于企业内部相互牵制和监督等。

论述题（解答提示）

1. 会计凭证是记录经济业务、明确经济责任并具有法律效力的书面证明。准确填制和审核会计凭证的意义在于：可为记账、算账提供可靠的数据资料，保证账簿正确可靠；可检查和监督经济业务的合理性和合法性，保证各项经济业务符合政策、法令和制度的规定；可使企业财产物资的安全得到保证，保障合理收入，保护企业利益；使企业一切经济活动有凭有据，循序进行，保证全面、系统、规范地开展会计核算工作。

2. 为了正确反映企业经济业务的发生或完成情况，保证账簿记录的正确性，必须指定专人对原始凭证和记账凭证进行审核。

对原始凭证的审核，主要从原始凭证的填制是否符合规定的要求和是否合法、合规两个方面进行。

对记账凭证的审核，主要从是否有原始凭证；金额、内容是否正确；使用会计科目是否准确；填写项目是否齐全；有关人员是否已签章；所记事项是否合乎法律制度规定等方面进行。

业务计算题
习题一题解

1. 记账凭证的种类：
(1) 银行存款收款凭证。
(2) 转账凭证。
(3) 银行存款付款凭证。
(4) 现金收款凭证、付款凭证各一张。
(5) 转账凭证。
(6) 转账凭证、现金收款凭证各一张。
(7) 转账凭证。
(8) 银行存款付款凭证。

2. 编制记账凭证：

(1)
银行存款收款凭证

借方科目 银行存款　　201×年8月4日

摘　要	贷　方　科　目		记账	金　额
	一级科目	二级或明细科目		
收回A公司货款	应收账款	A公司		20 000
		合　　计		20 000

会计主管　　　记账　　　出纳　　　复核　　　制单

(2)
转 账 凭 证

201×年8月9日

摘　要	一级科目	二级或明细科目	记账	借方金额	贷方金额
购入材料以商业承兑汇票结算	在途物资	甲材料		40 000	
	应交税费	应交增值税——进项税额		5 200	
	应付票据	B工厂			45 200
		合　　计		45 200	45 200

会计主管　　　记账　　　复核　　　制单

(3) **银行存款付款凭证**

贷方科目　银行存款　　201×年8月11日

摘　要	借方科目		记账	金　额
	一级科目	二级或明细科目		
提　现	库存现金			52 000
			合　计	52 000

会计主管　　记账　　出纳　　复核　　制单

(4-1) **现金收款凭证**

借方科目　库存现金　　201×年8月16日

摘　要	贷方科目		记账	金　额
	一级科目	二级或明细科目		
销售产品	主营业务收入	甲产品		32 000
	应交税费	应交增值税——销项税额		4 160
			合　计	36 160

会计主管　　记账　　出纳　　复核　　制单

(4-2) **现金付款凭证**

贷方科目　库存现金　　201×年8月16日

摘　要	借方科目		记账	金　额
	一级科目	二级或明细科目		
现金解入银行	银行存款			36 160
			合　计	36 160

会计主管　　记账　　出纳　　复核　　制单

(5)

转 账 凭 证

201×年8月22日

摘　　要	一级科目	二级或明细科目	记账	借方金额	贷方金额
领用材料	生产成本	甲产品		18 000	
投入生产	原材料	甲材料			18 000
		合　　计		18 000	18 000

会计主管　　　　记账　　　　复核　　　　制单

(6-1)

转 账 凭 证

201×年8月23日

摘　　要	一级科目	二级或明细科目	记账	借方金额	贷方金额
报销差旅费	管理费用			2 230	
	其他应收款	王某			2 230
		合　　计		2 230	2 230

会计主管　　　　记账　　　　复核　　　　制单

(6-2)

现金收款凭证

借方科目　库存现金　　201×年8月23日

摘　　要	贷 方 科 目		记账	金　额
	一级科目	二级或明细科目		
报销差旅费收回现金	其他应收款	王某		270
		合　　计		270

会计主管　　　记账　　　出纳　　　复核　　　制单

(7) **转 账 凭 证**

201×年8月26日

摘　　要	一级科目	二级或明细科目	记账	借方金额	贷方金额
销售产品款未收	应收账款	C公司		38 646	
	主营业务收入	乙产品			34 200
	应交税费	应交增值税——销项税额			4 446
		合　　　计		38 646	38 646

会计主管　　　　　记账　　　　　复核　　　　　制单

(8) **银行存款付款凭证**

贷方科目　银行存款　　　201×年8月29日

摘　　要	借方科目		记账	金　　额
	一级科目	二级或明细科目		
支付水电费	管理费用	水电费		1 720
		合　　　计		1 720

会计主管　　　记账　　　出纳　　　复核　　　制单

习题二题解

1. 记账凭证种类：

(1) 现金收款凭证、现金付款凭证各一张。

(2) 银行存款付款凭证。

(3) 银行存款收款凭证。

(4) 现金付款凭证。

(5) 银行存款付款凭证。

(6) 银行存款付款凭证、转账凭证各一张。

(7) 转账凭证。

(8) 转账凭证。

2. 编制记账凭证：

(1-1) **现金收款凭证**

借方科目 库存现金　　201×年6月1日

摘 要	贷 方 科 目		记账	金 额
	一级科目	二级和明细科目		
销货收入	主营业务收入			35 400
	应交税费	应交增值税——销项税额		4 602
			合　计	40 002

会计主管　　记账　　出纳　　复核　　制单

(1-2) **现金付款凭证**

贷方科目 库存现金　　201×年6月1日

摘 要	借 方 科 目		记账	金 额
	一级科目	二级和明细科目		
现金解入银行	银行存款			41 418
			合　计	41 418

会计主管　　记账　　出纳　　复核　　制单

(2) **银行存款付款凭证**

贷方科目 银行存款　　201×年6月5日

摘 要	借 方 科 目		记账	金 额
	一级科目	二级和明细科目		
提取现金	库存现金			20 000
			合　计	20 000

会计主管　　记账　　出纳　　复核　　制单

(3) **银行存款收款凭证**

借方科目 银行存款　201×年6月10日

摘　要	贷　方　科　目		记账	金　额
	一级科目	二级和明细科目		
A公司还来货款	应收账款	A公司		15 000
			合　计	15 000

会计主管　　记账　　出纳　　复核　　制单

(4) **现金付款凭证**

贷方科目 库存现金　201×年6月16日

摘　要	借　方　科　目		记账	金　额
	一级科目	二级和明细科目		
支付本月房租	管理费用	租赁费		1 800
			合　计	1 800

会计主管　　记账　　出纳　　复核　　制单

(5) **银行存款付款凭证**

贷方科目 银行存款　201×年6月18日

摘　要	借　方　科　目		记账	金　额
	一级科目	二级和明细科目		
支付采购商品运费	销售费用	进货运杂费		500
			合　计	500

会计主管　　记账　　出纳　　复核　　制单

(6-1) **银行存款付款凭证**

贷方科目 银行存款　　201×年6月20日

摘　要	借方科目		记账	金　额
	一级科目	二级和明细科目		
购入商品一批	在途物资			45 000
	应交税费	应交增值税——进项税额		5 850
		合　　　　计		50 850

会计主管　　　记账　　　出纳　　　复核　　　制单

(6-2) **转 账 凭 证**

201×年6月20日

摘　要　商品入库转账							
借方科目			贷方科目			金　额	
一级科目	二级或明细科目	√	一级科目	二级或明细科目	记账		
库存商品	××商品		在途物资			45 000	
				合　　计		45 000	

会计主管　　　记账　　　　复核　　　　制单

(7) **转 账 凭 证**

201×年6月30日

摘　要　摊销本季修理费							
借方科目			贷方科目			金　额	
一级科目	二级或明细科目	√	一级科目	二级或明细科目	记账		
管理费用	修理费		长期待摊费用	修理费		400	
				合　　计		400	

会计主管　　　记账　　　　复核　　　　制单

(8) 转 账 凭 证

201×年6月30日

摘 要 预提本季借款利息						
借 方 科 目			贷 方 科 目		记账	金 额
一级科目	二级或明细科目	✓	一级科目	二级或明细科目		
财务费用	利息		银行存款	利息		1 200
				合 计		1 200

会计主管　　　　　记账　　　　　复核　　　　　制单

七、会 计 账 簿

填 空 题

1. 订本式　活页式　卡片式
1. 划线更正法　红字更正法　补充登记法
3. 账证核对　账账核对　账物核对　账款核对
4. 三栏式　数量金额式　多栏式
5. 普通日记账　特种日记账
6. 新的会计年度
7. 总分类账　明细分类账
8. 日记账　分类账　备查账

单 项 选 择 题

1. B　2. C　3. A　4. D　5. D　6. D　7. D　8. C

多 项 选 择 题

1. ABDE　2. ABCE　3. ABD　4. ABEF　5. ABDF
6. ABD　7. ABF　8. BEF

判断并改错题

1. 对

2. 错(记账以后,发现所记金额小于应记金额,但记账凭证正确,应采用补充登记法进行更正。)

3. 错(银行存款日记账应属于序时账。)

4. 错(多栏式明细账一般适用于成本、费用类账户。)

5. 对

6. 错(批发商品库存明细账应采用数量金额式账簿,以反映其收入、发出和结存的数量和金额。)

7. 错(由于记账凭证错误而造成的账簿记录错误,应采用红字更正法进行更正。)

8. 对

名词解释

1. 日记账又称序时账,是按经济业务发生和完成时间的先后顺序登记的账簿。

2. 总分类账是按总分类账户开设,用以分类反映和监督企业资产、负债、所有者权益、收入、费用和利润,是总括核算资料的账簿。

3. 明细分类账是按明细分类账户开设,用以分类反映详细核算资料,是有关总分类账的从属账簿。

4. 结账是将一定时期内发生的经济业务在全部登记入账的基础上,将各种账簿记录结出"本期发生额"和"期末余额",从而根据账簿记录编制会计报表的工作。

5. 会计账簿是以会计凭证为依据,全面、系统、分类地记录各项经济业务的簿籍。

6. 序时账簿是按经济业务发生和完成的先后顺序进行登记的账簿。

7. 备查账簿是对序时账和分类账中未能反映和记录的事项进行补充登记的账簿。

8. 分类账簿是按账户对经济业务进行分类登记的账簿,按其概括程度不同,可分为总分类账和明细分类账。

简答题

1. 会计账簿是以会计凭证为依据,全面、连续、系统地记录各项经济业务的簿籍。其作用在于通过账簿记录可以系统、完整地归纳和积累会计核算资料,有利于掌握企业全貌,加强经营管理;通过账簿记录,可以为会计检查提供依据,有利于检查和控制企业的资金和财产情况;通过账簿记录,可以为编制会计报表提供依据,有利于计算和分析企业财务状况和经营成果,为提高企业经济效益发挥作用。

2. 日记账是按经济业务发生的时间先后逐日逐笔顺序登记的账

簿。分类账是对全部经济业务按照总分类科目和明细分类科目进行分类核算和登记的账簿,可分为总分类账和明细分类账两种;备查簿也称辅助账,是对序时账和分类账等主要账簿未能记载或者记录不全的经济业务进行补充登记的账簿。

3. 特种日记账是将性质相同的经济业务分别登记下来,分为现金日记账、银行存款日记账和转账日记账。通过分别记录,可以加强货币资金以及转账业务的管理。

4. 明细分类账的格式有三栏式明细分类账、多栏式明细分类账、数量金额式明细分类账和平行式明细分类账。

5. 更正错账的方法有:划线更正法、红字更正法和补充登记法三种。划线更正法用于更正登记账簿发生的文字或数字错误,其做法为用一条红线划去错误的文字或数字,在红线上端填写正确的文字或数字;红字更正法是在已入账的记账凭证中发现会计科目、记账方向和金额错误,用红字记账凭证冲正错误的方法;补充登记法是在入账后发现记账凭证的会计科目、记账方向不错,但金额小于正确金额,用补做差额的记账凭证予以更正,补充登记错误金额与正确金额之间差额的方法。

6. 在更换启用新账簿时,应在账簿扉页上填列"账簿启用及接交表",内容包括启用日期、账簿页数、记账人员、会计机构负责人、会计主管等人签章,并加盖单位公章。

论述题(解答提示)

1. 因为登记账簿是会计核算的一个重要环节,为了保证建立正常的会计工作秩序,加强会计基础工作,记账时必须要遵守记账规则。记账规则的主要内容有三个方面:一是账簿的启用和人员交接的规则,包括启用账簿时要在账簿扉页上填列启用日期、账簿页数,记账人员、主管人员姓名,加盖单位公章和人员签章。会计主管或记账人员调动时应办理交接手续,在账簿上应注明交接日期、接办人员或监交人员姓名,并由交接双方人员签章。二是记账的规则,包括用蓝黑墨水根据审核无误的记账凭证正确地按页次顺序连续逐项登记,结出余额,并加计本页合计数过至次页等。三是在记账发生错误以后,必须按规定的"划线更正法""红字更正法"和"补充登记法"进行更正等。

2. 记账、对账和结账是会计核算工作不可分割的环节,由于种种原因,不可避免地在记账过程中会发生错账。对账就是对账簿记录的有关数据加以检查和核对,以纠正差错,保证账账、账实相符的工作。对账的基本内容包括账证核对、账账核对、账实核对等方面。

业务计算题

习题一题解

银行存款日记账

单位:元

201×年		凭证		摘要	对方科目	收入	支出	余额
月	日	字	号					
8	1			上月结转				300 000
	1	银收	801	投入现金	实收资本	25 000		325 000
	1	银付	801	归还短期借款	短期借款		10 000	315 000
	2	银付	802	偿还应付账款	应付账款		20 000	295 000
	2	现付	801	存入现金	库存现金	1 000		296 000
	3	银付	803	提现	库存现金		2 000	294 000
	4	银收	802	收回应收账款	应收账款	50 000		344 000
	5	银付	804	支付材料款	材料采购		40 000	304 000
	5	银付	805	支付材料运费	材料采购		1 000	303 000
	6	银付	806	提现	库存现金		18 000	285 000
	7	银付	807	支付电费	管理费用		1 800	283 200
	8	银收	803	销货款	主营业务收入	51 750		334 950
	9	银付	808	付销售费	销售费用		410	334 540
	10	银付	809	交税	应交税费		3 500	331 040
8	10			累计发生额及余额		127 750	96 710	331 040

现金日记账

单位:元

201×年		凭证		摘要	对方科目	收入	支出	余额
月	日	字	号					
8	1			上月结转				3 000
	2	现付	801	现金存银行	银行存款		1 000	2 000
	3	现付	802	暂付款	其他应收款		800	1 200
	3	银付	803	提现	银行存款	2 000		3 200
	6	银付	806	提现	银行存款	18 000		21 200
	6	现付	803	支付工资	应付职工薪酬		18 000	3 200
8	10			累计发生额及余额		20 000	19 800	3 200

习题二题解

1. 用红字更正法：

(1) 借：管理费用——办公费　　　　　　　　　　 600

　　　贷：库存现金　　　　　　　　　　　　　　　　 600

(2) 借：管理费用——办公费　　　　　　　　　　 600

　　　贷：银行存款　　　　　　　　　　　　　　　　 600

(3) 根据上列记账凭证的会计分录登记入账更正错误。

2. 用红字更正法：

(1) 借：销售费用——租赁费　　　　　　　　　 3 000

　　　贷：银行存款　　　　　　　　　　　　　　　 3 000

(2) 借：管理费用——租赁费　　　　　　　　　 3 000

　　　贷：银行存款　　　　　　　　　　　　　　　 3 000

(3) 根据上列记账凭证的会计分录登记入账更正错误。

3. 用红字更正法：

(1) 借：库存商品　　　　　　　　　　　　　49 000
　　　贷：生产成本　　　　　　　　　　　　　　　　49 000

(2) 根据上列记账凭证的会计分录登记入账更正错误。

4. 用红字更正法：

(1) 借：在途物资——材料　　　　　　　　　7 535.05
　　　贷：银行存款　　　　　　　　　　　　　　　7 535.05

(2) 借：在途物资——材料　　　　　　　　　6 668.19
　　　应交税费——应交增值税　　　　　　　　866.86
　　　贷：银行存款　　　　　　　　　　　　　　　7 535.05

(3) 根据上列记账凭证的会计分录登记入账更正错误。

5. 用红字更正法：

(1) 借：管理费用——折旧费　　　　　　　　1 400
　　　贷：银行存款　　　　　　　　　　　　　　　1 400

(2) 借：管理费用——折旧费　　　　　　　　4 100
　　　贷：累计折旧　　　　　　　　　　　　　　　4 100

(3) 根据上列记账凭证的会计分录登记入账更正错误。

6. 用补充登记法：

(1) 借：生产成本　　　　　　　　　　　　　12 600
　　　管理费用——工资　　　　　　　　　　3 060
　　　贷：应付职工薪酬——工资　　　　　　　　15 660

(2) 根据上列记账凭证的会计分录登记入账更正错误。

7. 用红字更正法：

(1) 借：本年利润　　　　　　　　　　　　　450 000
　　　贷：主营业务收入　　　　　　　　　　　　450 000

(2) 借：主营业务收入　　　　　　　　　　　　480 000
　　　贷：本年利润　　　　　　　　　　　　　　　480 000

(3) 根据上列记账凭证的会计分录登记入账更正错误。

8. 用补充登记法：

(1) 借：应付账款——××单位　　　　　　　　900
　　　贷：银行存款　　　　　　　　　　　　　　　900

(2) 根据上列记账凭证的会计分录登记入账更正错误。

9. 用红字更正法：

(1) 借：其他应付款——×××　　　　　　　 2 000
　　　贷：库存现金　　　　　　　　　　　　　　 2 000

(2) 借：其他应收款——×××　　　　　　　　2 000
　　　贷：库存现金　　　　　　　　　　　　　　　2 000

(3) 根据上列记账凭证的会计分录登记入账更正错误。

10. 用红字更正法：

(1) 借：管理费用——差旅费　　　　　　　　 1 900
　　　库存现金　　　　　　　　　　　　　　　 100
　　　贷：其他应收款——×××　　　　　　　 2 000

(2) 借：制造费用——差旅费　　　　　　　　　1 900
　　　库存现金　　　　　　　　　　　　　　　　100
　　　贷：其他应收款——×××　　　　　　　　2 000

(3) 根据上列记账凭证的会计分录登记入账更正错误。

习 题 三 题 解

1. 记账凭证(会计分录)不错，是登账错误，误将银行存款 300 000 元记为 30 000 元，用划线更正法予以更正。

银 行 存 款

①	300 000
	-30 000-

2. 记账凭证科目写错,误将"银行存款"写为"库存现金",应用红字更正法予以更正。

① 先编一张红字记账凭证冲销原错误会计分录:

借:管理费用　　　　　　　　　　　　　　2 000
　　贷:库存现金　　　　　　　　　　　　　　　2 000

② 再编一张蓝字记账凭证登账:

借:管理费用　　　　　　　　　　　　　　2 000
　　贷:银行存款　　　　　　　　　　　　　　　2 000

管 理 费 用		银 行 存 款	
② 2 000			② 2 000
2 000			
② 2 000			

库 存 现 金	
	② 2 000
	2 000

3. 记账凭证金额写错,误将650元写为560元,登账亦随之登错,应用补充登记法予以更正,编制一张90元的记账凭证,补充登账。

(1) 借:制造费用　　　　　　　　　　　　　90
　　　贷:原材料　　　　　　　　　　　　　　　90

(2)

制 造 费 用		原 材 料	
③ 560			③ 560
补 90			补 90

4. 记账凭证金额写错,误将 780 元写成 870 元,登账亦随之登错,应用红字更正法更正,冲销其多写金额。

(1) 借:在途物资　　　　　　　　　　　　　90
　　　贷:银行存款　　　　　　　　　　　　　　　90

(2)

在 途 物 资		银 行 存 款	
④　　870			④　　870
补　　90			补　　90

习题四题解

银行存款日记账与总分类账不符原因:

银行存款日记账余额 77 670.50 元,总分类账上"银行存款"账户余额为 141 435.50 元。日记账比总分类账少 63 765 元,分析存在记账差错,且可能是万位数与千位数记错,俗称"大小数差错"。经查"银行存款"日记账上有一笔收入 7 185 元,有一笔支出 100 元,两者相抵为 7 085 元,加上 63 765 元,恰为 70 850 元,误记为 7 085 元。即收入 71 850 元,误记 7 185 元;少收 64 665 元,支出 1 000 元,误记 100 元,少支 900 元,收支轧抵为少收 63 765 元。

八、账务处理程序

填 空 题

1. 总账
2. 记账凭证核算程序　汇总记账凭证核算程序　科目汇总表核算程序　多栏式日记账核算程序　总账日记账核算程序
3. 借方　贷方
4. 收款凭证　付款凭证　转账凭证
5. 账簿组织形式　记账步骤
6. 记账凭证　总分类账
7. 性质和作用　结构和编制方法
8. 简化总分类账登记工作

单项选择题

1. B　2. C　3. A　4. B　5. D　6. A　7. B　8. C

多项选择题

1. ACD　2. ACF　3. AC　4. BEF　5. ABD　6. ABC　7. AB　8. ABF

判断并改错题

1. 错（记账凭证核算程序适用于规模不大、经济业务比较简单的单位。）
2. 错（科目汇总表核算程序和汇总记账凭证核算程序的主要相同点是性质和作用相同。）
3. 错（汇总记账凭证核算程序的主要优点在于保持科目之间的对应关系。）
4. 对
5. 错（同一个企业只能采用一种会计核算程序。）

6. 对

7. 错（科目汇总表核算程序的缺点在于不能反映账户对应关系。）

8. 错（汇总记账凭证核算程序的优点在于简化总分类账的登记和简便记账凭证的整理归类。）

名 词 解 释

1. 账簿组织形式是指设置账簿的种类、格式及其相互之间的关系。

2. 记账步骤是指填制会计凭证、登记各种账簿和编制会计报表的过程和步骤。

3. 会计核算形式即会计核算程序，是指账簿的组织形式和记账的步骤。

4. 记账凭证核算程序是会计核算中最基本的一种核算程序。其基本特点是根据记账凭证逐笔登记总分类账。

5. 汇总记账凭证核算程序是根据记账凭证编制汇总记账凭证，并据以登记总分类账。

6. 科目汇总表核算程序是定期编制科目汇总表，并据以登记总分类账。

7. 多栏式日记账核算形式是设置多栏式的现金日记账和银行存款日记账，并据以登记总分类账。

8. 日记总账核算形式是设置一本既是日记账又是总分类账的账簿，所有账务都集中在日记总账中登记，既要顺序登记，又要分科目进行总分类核算。

简 答 题

1. 目前，我国企业采用的会计核算程序有记账凭证核算程序、汇总记账凭证核算程序、科目汇总表核算程序、多栏式日记账核算程序和日记总账核算程序五种。

2. 记账凭证核算程序是最基本的一种会计核算程序。其特点是根据记账凭证逐笔登记总分类账。其账簿组织包括设置现金日记账、银行存款日记账、总分类账和明细分类账。其记账步骤是根据原始凭证填制记账凭证;根据收款凭证、付款凭证逐笔登记现金和银行存款日记账;根据记账凭证和原始凭证逐笔登记各种明细账;根据记账凭证登记总分类账;月末,根据总分类账和明细分类账编制会计报表。

3. 汇总记账凭证核算程序的特点是先根据记账凭证编制汇总记账凭证,然后据以登记总分类账。汇总记账凭证核算的内容基本与记账凭证核算程序相同,所不同的是多了一道记账凭证的汇总程序。汇总记账凭证一般分为收款、付款和转账三种。汇总收款凭证应以"库存现金"和"银行存款"账户的借方设置,并按相应的贷方账户汇总;汇总付款凭证则以"库存现金"和"银行存款"账户的贷方设置,并按相应的借方账户汇总;汇总转账凭证一般按有关账户贷方设置,并按相应的借方账户汇总。

4. 科目汇总表核算程序的特点是定期编制科目汇总表,并据以登记总分类账。科目汇总表的核算程序与汇总记账凭证相似,先根据记账凭证按科目汇总填制科目汇总表,然后根据科目汇总表登记总分类账,科目汇总表定期编制、汇总每一科目的借方和贷方发生额,进行试算平衡,汇总时间一般不超过10天。

5. 多栏式日记账核算程序的基本特点是设置多栏式现金日记账和银行存款日记账,并据以登记总分类账。转账凭证编制科目汇总表据以登记总分类账。其核算程序与记账凭证、汇总记账凭证、科目汇总表等核算程序相同。

6. 汇总记账凭证核算程序与科目汇总表核算程序的不同点在于汇总凭证和汇总表的结构不同,编制的方法也不同,汇总记账凭证是按记账凭证借方(或贷方)为主,将与此相关的对应科目汇总,对应关系比较清楚;而科目汇总表则只按各科目的借方和贷方的发生额进行汇总,便于试算平衡。

论述题(解答提示)

1. 会计核算程序是指账簿的组织形式和记账的步骤,账簿组织形式是指设置账簿的种类、格式及其相互之间的关系;记账步骤是指填制会计凭证、登记各种账簿和编制会计报表的过程和步骤。因为各个单位的生产和经营情况不同,规模不同,应该根据各自的具体情况,设计一套适合本单位的规模和特点、能全面及时正确地提供核算资料、并尽可能简化会计核算手续的会计核算程序,以满足本单位的经营管理需要。

2. 科学合理的会计核算程序对提高经济管理的重要意义在于:

(1) 有利于及时、正确地提供全面、系统的核算资料,保证会计核算的质量。

(2) 有利于加强会计核算的分工协作,提高会计核算的效率,节省核算工作的人力和物力消耗。

(3) 有利于及时掌握资金运动现状,以有效地促进企业经营,提高经济效益。

业务计算题

习题一题解

1. 编制会计分录:

单位:元

顺序号	摘要	账户名称	过账	借方金额	贷方金额
1	购入材料、支付价款	材料采购——甲材料 应交税费——应交增值税 银行存款	/ / /	25 840 3 359.20	 29 199.20
2	支付材料运杂费	材料采购——甲材料 库存现金	/ /	160	 160
3	结转甲材料实际成本	原材料——甲材料 材料采购——甲材料	/ /	26 000	 26 000

(续表)

顺序号	摘要	账户名称	过账	借方金额	贷方金额
4	交纳上月增值税金	应交税费——应交增值税 银行存款	/ /	15 200	15 200
5	归还临时借款	短期借款——临时借款 银行存款	/ /	30 000	30 000
6	收回销货款	银行存款 应收账款——二厂 　　　　　——四厂	/ / /	96 000	36 000 60 000
7	支付车间经费	制造费用——劳动保护费 库存现金	/ /	100	100
8	制造产品领用材料	生产成本——A产品 　　　　——B产品 原材料——乙材料	/ / /	16 000 30 000	46 000
9	购入机器一台	固定资产——机器 银行存款	/ /	70 000	70 000
10	出售产品，货款未收	应收账款——二厂 主营业务收入 应交税费——应交增值税	/ / /	61 020	54 000 7 020
11	出售产品，货款未收	应收账款——四厂 主营业务收入 应交税费——应交增值税	/ / /	45 200	40 000 5 200
12	购入即用的销售产品包装物	销售费用——包装费 银行存款	/ /	1 600	1 600

(续表)

顺序号	摘　要	账　户　名　称	过账	借方金额	贷方金额
13	制造产品领用材料	生产成本——A产品 原材料——甲材料	/ /	13 000	13 000
14	支付车间文具用品费	制造费用——办公费 银行存款	/ /	328	328
15	支付销售产品运杂费	销售费用——运杂费 库存现金	/ /	80	80
16	购入材料,按实际成本转账	①材料采购——丁材料 应交税费——应交增值税 银行存款 ②原材料 材料采购——丁材料	/ / / / /	2 400 312 2 400	 2 712 2 400
17	车间领用材料制造产品	制造费用 原材料——丁材料	/ /	960	960
18	购入材料,支付价款	材料采购——乙材料 应交税费——应交增值税 银行存款	/ / /	19 760.00 2 568.80	22 328.80
19	支付乙材料运杂费	材料采购——乙材料 银行存款	/ /	240	240
20	结转乙材料实际成本	原材料——乙材料 材料采购——乙材料	/ /	20 000	20 000
21	领用材料制造B产品	生产成本——B产品 原材料——甲材料	/ /	26 000	26 000
22	不作会计核算	—		—	—

(续表)

顺序号	摘要	账户名称	过账	借方金额	贷方金额
23	支付材料价款及运杂费	材料采购——丙材料 应交税费——应交增值税 银行存款	/ / /	12 000 1 560	13 560
23	结转丙材料实际成本	原材料 　材料采购——丙材料	/ /	12 000	12 000
24	向银行提现	库存现金 　银行存款	/ /	1 000	1 000
25	支付购办公用品款	管理费用——办公费 　银行存款	/ /	330	330
26	出售产品,收到货款	银行存款 　主营业务收入 　应交税费——应交增值税	/ / /	40 680	36 000 4 680
27	支付销售产品装卸费	销售费用——运杂费 　库存现金	/ /	40	40
28	收回销货款	银行存款 　应收账款——二厂	/ /	61 020	61 020
29	收回销货款	银行存款 　应收账款——四厂	/ /	45 200	45 200
30	支付购入材料价款及运杂费	材料采购——乙材料 应交税费——应交增值税 银行存款	/ / /	30 000 3 900	33 900
31	结转乙材料实际成本	原材料——乙材料 　材料采购——乙材料	/ /	30 000	30 000

（续表）

顺序号	摘要	账户名称	过账	借方金额	贷方金额
32	出售产品，收到货款	银行存款	/	67 800	
		主营业务收入——B产品	/		60 000
		应交税费——应交增值税	/		7 800
33	支付销售产品运杂费	销售费用——运杂费	/	50	
		库存现金	/		50
34	支付购买办公用品	管理费用——办公费	/	60	
		制造费用——办公费	/	84	
		库存现金	/		144
35	领用材料，制造产品	生产成本——A产品	/	2 000	
		——B产品	/	4 000	
		原材料——丙材料	/		6 000
36	支付车间机器水电费	制造费用——水电费	/	450	
		银行存款	/		450
37	管理人员报销差旅费	管理费用——差旅费	/	1 290	
		库存现金	/	210	
		其他应收款——×××	/		1 500
38	清理报废旧机器，转入清理户	固定资产清理——机器	/	640	
		累计折旧——机器	/	15 360	
		固定资产——机器	/		16 000
39	支付清理费用	固定资产清理——机器	/	320	
		银行存款	/		320
40	报废机器残料收入	银行存款	/	1 040	
		固定资产清理——机器	/		1 040

第二部分 参考答案

(续表)

顺序号	摘要	账户名称	过账	借方金额	贷方金额
41	处理固定资产净收入转账	固定资产清理——机器	/	80	
		营业外收入	/		80
42	向银行提现准备发放工资	库存现金	/	38 000	
		银行存款	/		38 000
43	发放工资	应付职工薪酬——工资	/	38 000	
		库存现金	/		38 000
44	售出产品,货款未收	应收账款——二厂	/	40 680	
		主营业务收入——A产品	/		36 000
		应交税费——应交增值税	/		4 680
45	支付销售产品搬运费	销售费用——运杂费	/	30	
		库存现金	/		30
46	支付职工医药费	应付职工薪酬——福利费	/	3 120	
		银行存款	/		3 120
47	支付电费	制造费用——水电费	/	3 978	
		管理费用——水电费	/	792	
		银行存款	/		4 770
48	支付水费	制造费用——水电费	/	216	
		管理费用——水电费	/	164	
		银行存款	/		380
49	结算分配职工工资	生产成本——A产品	/	12 800	
		——B产品	/	14 400	
		制造费用——工资	/	5 800	
		管理费用——工资	/	5 000	
		应付职工薪酬——工资	/		38 000
50	计提固定资产折旧	制造费用——折旧费	/	2 500	
		管理费用——折旧费	/	1 280	
		累计折旧	/		3 780

(续表)

顺序号	摘要	账户名称	过账	借方金额	贷方金额
51	现金支付租赁费	管理费用——租赁费	/	240	
		库存现金	/		240
52	银行存款支付借款利息	财务费用——利息支出	/	600	
		银行存款	/		600
53	结转制造费用计入产品成本	生产成本——A产品	/	6 784	
		——B产品	/	7 632	
		制造费用	/		14 416
54	A、B产品完工结转生产成本	库存商品——A产品	/	50 584	
		——B产品	/	82 032	
		生产成本——A产品	/		50 584
		——B产品	/		82 032
55	结算本月消费税金	税金及附加——消费税	/	11 300	
		应交税费——应交消费税	/		11 300
56	结转已销产品生产成本	主营业务成本	/	156 880	
		库存商品	/		156 880
57	结转各收入账户余额	主营业务收入	/	226 000	
		营业外收入		80	
		本年利润	/		226 080
58	结转各支出账户余额	本年利润	/	179 736	
		主营业务成本	/		156 880
		销售费用	/		1 800
		税金及附加	/		11 300
		管理费用	/		9 156
		财务费用	/		600
59-1	计算应交所得税	所得税费用	/	11 586	
		应交税费——应交所得税	/		11 586
59-2	结转所得税费用	本年利润		11 586	
		所得税费用	/		11 586

(续表)

顺序号	摘要	账户名称	过账	借方金额	贷方金额
60	本年利润余额转入利润分配	本年利润 利润分配	/ /	34 758	34 758
61	计提法定盈余公积金	利润分配——提取法定盈余公积 盈余公积——提取法定盈余公积	/ /	3 475.80	3 475.80

2. 登记总分类账：

借方	库存现金		贷方
期初余额	1 400		
㉔	1 000	②	160
㊲	210	⑦	100
㊷	38 000	⑮	80
		㉗	40
		㉝	50
		㊳	144
		㊸	38 000
		㊺	30
		㊱	240
本期发生额	39 210	本期发生额	38 844
期末余额	1 766		

借方	银行存款		贷方
期初余额	54 600		
⑥	96 000	①	29 199.20
㉖	40 680	④	15 200
㉘	61 020	⑤	30 000
㉙	45 200	⑨	70 000
㉜	67 800	⑫	1 600
㊵	1 040	⑭	328
		⑯-①	2 712
		⑱	22 328.80
		⑲	240
		㉓	13 560
		㉔	1 000
		㉕	330
		㉚	33 900
		㊱	450
		㊴	320
		㊷	38 000
		㊻	3 120
		㊼	4 770
		㊽	380
		㊺	600
本期发生额	311 740	本期发生额	268 038
期末余额	98 302		

借方	应收账款		贷方
期初余额	122 100		
⑩	61 020	⑥	96 000
⑪	45 200	㉘	61 020
㊹	40 680	㉙	45 200
本期发生额	146 900	本期发生额	202 220
期末余额	66 780		

借方	其他应收款		贷方
期初余额	1 500		
		㊲	1 500
本期发生额	—	本期发生额	1 500
期末余额	—		

借方	库存商品		贷方
期初余额	78 540		
㊼	132 616	㊽	156 880
本期发生额	132 616	本期发生额	156 880
期末余额	54 276		

借方	长期待摊费用		贷方
期初余额	2 160		
本期发生额	—	本期发生额	—
期末余额	2 160		

借方	固定资产		贷方
期初余额	317 800		
⑨	70 000	㊳	16 000
本期发生额	70 000	本期发生额	16 000
期末余额	371 800		

借方	累计折旧		贷方
		期初余额	162 700
㊳	15 360	㊿	3 780
本期发生额	15 360	本期发生额	3 780
		期末余额	151 120

借方	原 材 料		贷方
期初余额	167 900		
③	26 000	⑧	46 000
⑯	2 400	⑬	13 000
⑳	20 000	⑰	960
㉓	12 000	㉑	26 000
㉛	30 000	㉟	6 000
本期发生额	90 400	本期发生额	91 960
期末余额	166 340		

借方	材 料 采 购		贷方
①	25 840	③	26 000
②	160	⑯-②	2 400
⑯-①	2 400	⑳	20 000
⑱	19 760	㉓	12 000
⑲	240	㉛	30 000
㉓	12 000		
㉚	30 000		
本期发生额	90 400	本期发生额	90 400

借方	固定资产清理		贷方
㊳	640	㊵	1 040
㊴	320		
㊶	80		
本期发生额	1 040	本期发生额	1 040

借方	利 润 分 配		贷方
期初余额	27 800		
㉛	3 475.80	㊀	34 758
本期发生额	3 475.80	本期发生额	34 758
		期末余额	3 482.20

借方	应 付 账 款		贷方
		期初余额	31 600

借方	短期借款		贷方
		期初余额	50 000
⑤	30 000		
本期发生额	30 000	本期发生额	—
		期末余额	20 000

借方	应付职工薪酬		贷方
		期初余额	10 180
㊸	38 000	㊾	38 000
㊻	3 120		
本期发生额	41 120	本期发生额	38 000
		期末余额	7 060

借方	主营业务收入		贷方
(58)	226 000	⑩	54 000
		⑪	40 000
		㉖	36 000
		㉜	60 000
		㊹	36 000
本期发生额	226 000	本期发生额	226 000

借方	实收资本		贷方
		期初余额	500 000

借方	应交税费		贷方
		期初余额	15 650
①	3 359.20	⑩	7 020
④	15 200	⑪	5 200
⑯-1	312	㉖	4 680
⑱	2 568.80	㉜	7 800
㉓	1 560	㊹	4 680
㉚	3 900	(55)	11 300
		(59)-1	11 586
本期发生额	26 900	本期发生额	52 266
		期末余额	41 016

借方	盈余公积		贷方
		期初余额	3 670
		(61)	3 475.80
		本期发生额	3 475.80
		期末余额	7 145.80

借方	营业外收入		贷方
(58)	80	㊶	80
本期发生额	80	本期发生额	80

借方	本年利润		贷方
(58)	179 736	(57)	226 080
(60)	34 758		
(59)-2	11 586		
本期发生额	226 080	本期发生额	226 080

借方 **制造费用** 贷方

⑦	100	(53)	14 416
⑭	328		
⑰	960		
㉞	84		
㊱	450		
㊼	3 978		
㊽	216		
㊾	5 800		
㊿	2 500		
本期发生额	14 416	本期发生额	14 416

借方 **生产成本** 贷方

⑧	46 000	(54)	132 616
⑬	13 000		
㉑	26 000		
㉟	6 000		
㊾	27 200		
(53)	14 416		
本期发生额	132 616	本期发生额	132 616

借方 **销售费用** 贷方

⑫	1 600	(59)	1 800
⑮	80		
㉗	40		
㉝	50		
㊺	30		
本期发生额	1 800	本期发生额	1 800

借方 **主营业务成本** 贷方

(56)	156 880	(59)	156 880
本期发生额	156 880	本期发生额	156 880

借方 **税金及附加** 贷方

(55)	11 300	(59)	11 300
本期发生额	11 300	本期发生额	11 300

借方 **管理费用** 贷方

㉕	330	(59)	9 156
㉞	60		
㊲	1 290		
㊼	792		
㊽	164		
㊾	5 000		
㊿	1 280		
(51)	240		
本期发生额	9 156	本期发生额	9 156

借方 **财务费用** 贷方

(52)	600	(59)	600
本期发生额	600	本期发生额	600

借方 **所得税费用** 贷方

(59)-1	11 586	(59)-2	11 586
本期发生额	11 586	本期发生额	11 586

3. 编制试算平衡表：

试算平衡表

单位：元

账户名称	期初余额		本期发生额		期末余额	
	借 方	贷 方	借 方	贷 方	借 方	贷 方
库存现金	1 400		39 210	38 844	1 766	
银行存款	54 600		311 740	268 038	98 302	
应收账款	122 100		146 900	202 220	66 780	
其他应收款	1 500			1 500	—	
原材料	167 900		90 400	91 960	166 340	
库存商品	78 540		132 616	156 880	54 276	
长期待摊费用	2 160				2 160	
固定资产	317 800		70 000	16 000	371 800	
利润分配	27 800		3 475.80	34 758		3 482.20
累计折旧		162 700	15 360	3 780		151 120
短期借款		50 000	30 000			20 000
应付账款		31 600				31 600
应付职工薪酬		10 180	41 120	38 000		7 060
应交税费		15 650	26 900	52 266		41 016
实收资本		500 000				500 000
盈余公积		3 670		3 475.80		7 145.80
本年利润			226 080	226 080		
主营业务收入			226 000	226 000		
营业外收入			80	80		

(续表)

账户名称	期初余额 借方	期初余额 贷方	本期发生额 借方	本期发生额 贷方	期末余额 借方	期末余额 贷方
材料采购			90 400	90 400		
固定资产清理			1 040	1 040		
生产成本			132 616	132 616		
制造费用			14 416	14 416		
主营业务成本			156 880	156 880		
销售费用			1 800	1 800		
税金及附加			11 300	11 300		
管理费用			9 156	9 156		
财务费用			600	600		
所得税费用			11 586	11 586		
合　计	773 800	773 800	1 789 675.80	1 789 675.80	761 424	761 424

习题二题解

科 目 汇 总 表

201×年 4 月 1～30 日　　　　　　　　　　单位：元

会 计 科 目	总账页数	本期发生额 借方	本期发生额 贷方	记账凭证起止号数
库存现金	（略）	39 210	38 844	（略）
银行存款		311 740	268 038	
应收账款		146 900	202 220	
其他应收款			1 500	
材料采购		90 400	90 400	

(续表)

会计科目	总账页数	本期发生额		记账凭证起止号数
		借 方	贷 方	
原材料	(略)	90 400	91 960	(略)
库存商品		132 616	156 880	
固定资产		70 000	16 000	
累计折旧		15 360	3 780	
固定资产清理		1 040	1 040	
短期借款		30 000		
应付职工薪酬		41 120	38 000	
应交税费		26 900	52 266	
盈余公积			3 475.80	
利润分配		3 475.80	34 758	
生产成本		132 616	132 616	
制造费用		14 416	14 416	
主营业务收入		226 000	226 000	
主营业务成本		156 880	156 880	
销售费用		1 800	1 800	
税金及附加		11 300	11 300	
管理费用		9 156	9 156	
财务费用		600	600	
营业外收入		80	80	
所得税费用		11 586	11 586	
本年利润		226 080	226 080	
合　　计		1 789 675.80	1 789 675.80	

九、财产清查

填空题

1. 永续盘存制　实地盘存制
2. 全面清查　局部清查
3. 定期清查　临时清查
4. 实地盘点
5. 待处理财产损溢
6. 银行存款日记账　银行对账单
7. 坏账损失
8. 账物　账款

单项选择题

1. C　2. A　3. B　4. C　5. B　6. D　7. B　8. A

多项选择题

1. AC　2. ABEF　3. ABDE　4. ADF　5. BD　6. AE
7. ABDE　8. ABDE

判断并改错题

1. 错（企业撤销或兼并时，要对企业所有财产、资金进行全面清查。）

2. 错（实地盘存制对企业各项财产物资的增减变动，平时只登记增加数，不登记减少数。）

3. 错（定期清查财产一般在月末、季末、年末结账前进行。）

4. 对

5. 对

6. 对

7. 错（企业与其他企业之间也会发生未达账项。）

8. 错(盘点实物时,发现账面数大于实存数,即为盘亏。)

名词解释

1. 全面清查是指对所有的财产和资金进行全面盘点与核对。

2. 局部清查是指根据需要只对财产中某些重点部分进行清查。

3. 永续盘存制是对各项财产物资分别建立明细账,连续记载其增减变化,并随时结出余额的一种管理制度。

4. 实地盘存制是对各项财产、物资平时只登记增加数,不登记减少数,月末根据实物盘点资料,倒算出本期减少数额的一种管理制度。

5. 实地盘点是逐一盘点实物实存数量的方法。

6. 坏账损失是指因无法收回的应收款项而造成的损失。

7. 财产清查是指通过对实物、现金的实地盘点和对银行存款、往来款项的核对来查明各项财产物资、货币资金、往来款项的实有数和账面数是否相符的一种方法。

8. 未达账项是由于往来双方在记账时间不一致的情况下而发生的一方已入账而另一方未入账的款项。

简 答 题

1. 库存现金在清查中可能出现登账错误,计算差错,已收、付的现金未入账以及挪用等情况,通过库存现金与现金日记账核对后,纠正差错和错误。

银行存款在清查中可能出现登账错误及未达账项等情况,通过银行存款日记账与银行对账单核对,调整后达到一致。

2. 可按大件清点,抽查细点或以量方、计尺等技术方法推算来确定数量;对一些机器设备、房屋等不仅要点数量和附属部件,而且要查明质量及使用情况;对一些易变质的材料、物资、商品要抽查质量,以确保数量和质量的正确、完好。

3. 对各项清查出来的差异和损失应及时进行账务处理,调整盈亏数,转入"待处理财产损溢"账户。

4. 财产清查工作量大、面广,事前应做好准备工作,从组织、账务、业务三方面准备。在组织工作方面，要制订计划、配备人员，工作进行过程中要安排检查和督促，随时解决出现的问题；在账务工作方面，要将清查工作开始前所发生的经济业务全部入账，结出余额；在业务工作方面，有关业务、保管部门要准备好度量衡器具，对清查工作开始前所有业务办好凭证手续，全部入账，并将所保管的财产物资整理排列，便于盘点核对。

5."未达账项"是指企业与银行（企业）之间，由于收、付款结算凭证的传递及双方入账时间不一致，造成一方已入账而另一方未入账的账项。企业与银行之间的未达账项有四种情况：① 银行已收款入账而企业尚未收款入账；② 银行已付款入账而企业尚未付款入账；③ 企业已收款入账而银行尚未收款入账；④ 企业已付款入账而银行尚未付款入账。

6. 对清查出来的问题要认真进行调查和分析，查明原因、分清责任，按政策、制度办事，每件都要有着落。对发现的多余积压物资，要群策群力积极处理；对各项悬账、悬案，应指定专人负责，限期催收，力求消除积压，加速周转，解决悬账、悬案。

论述题（解答提示）

1. 根据财产管理的要求，一切单位都必须通过账簿记录反映财产的增减变动和结存情况，保证账物、账款相符。但是由于种种原因，会使账实发生差异，如受客观自然条件影响，发生计量不准；制度不严或工作人员疏忽造成计算差错或登记错误和物资变质损失；营私舞弊、贪污盗窃或非法侵占等不法行为造成损失等，因此必须通过财产清查达到账实相符的要求。

2. 实地盘存制是指企业对各项财产物资在账簿中只登记收入数，不登记发出数，期末通过对实物的实地盘点来确定财产物资的结余数。然后采用推算的方法倒挤出本期的发出数的一种盘存制度。其计算公式为：

$$期初结存数 + 本期收入数 - 期末实存数 = 本期发出数$$

采用这种方法，核算工作比较简单，但对期末实存数的正确性缺乏控制办法，只适用于少数低价、零星的商品和用品的管理。

永续盘存制是指企业对各项财产物资的收入和发出的数量和金额都必须根据会计凭证在有关账簿中进行连续登记,并随时结出账面库存余额的一种盘存制度。其计算公式为:

期初结存数+本期收入数-本期发出数=期末结存数

这种方法手续比较严密,能起到控制财物收、付、存的作用,有利于加强财产管理,能为大多数企业所适用。

业务计算题

习 题 一 题 解

1.

银行存款余额调节表

单位:元

项　目	金　额	项　目	金　额
企业银行存款账面余额	535 000	银行对账单的存款余额	508 000
加:银行已收,企业未收款项	50 000	加:企业已收,银行未收款项	64 000
减:银行已付,企业未付款项	1 000	减:企业已付,银行未付款项	1 600
调节后存款余额	584 000	调节后存款余额	570 400

因银行对账单和未达账项均无错误,而调节后的存款余额,企业多于银行 13 600 元,显然是企业银行存款账面余额有误,多收了 13 600 元,因此,企业 7 月 31 日银行存款账面余额应是 521 400 元(535 000—13 600)。

2.

银行存款余额调节表

单位:元

项　目	金　额	项　目	金　额
企业银行存款账面余额	42 594	银行对账单存款余额	24 158
加:银行已收,企业未收	11 820	加:企业已收,银行未收	28 000
	488	减:企业已付,银行未付	376
减:银行已付,企业未付	3 120		
调节后存款余额	51 782	调节后存款余额	51 782

习 题 二 题 解

1. 审批前的会计分录：

单位：元

顺序号	摘 要	账 户 名 称	过账	借方金额	贷方金额
1	盘缺水泵一部	待处理财产损溢——固定资产盘缺		3 800	
		累计折旧——水泵		1 400	
		固定资产——水泵			5 200
2	账外机器一台	固定资产——机器		10 000	
		待处理财产损溢——固定资产盘盈			6 000
		累计折旧——机器			4 000
3	甲材料盘缺5千克	待处理财产损溢——流动资产盘缺		210	
		原材料——甲材料			210
4	乙材料盘缺5千克	待处理财产损溢——流动资产盘缺		160	
		原材料——乙材料			160
5	丙材料盘盈5千克 转代保管物资20千克	原材料——丙材料		150	
		待处理财产损溢——流动资产盘盈			150

2. 批准处理后的会计分录：

单位：元

顺序号	摘 要	账 户 名 称	过账	借方金额	贷方金额
1	盘缺水泵作非常损失	营业外支出——固定资产盘缺		3 800	
		待处理财产损溢——固定资产盘缺			3 800
2	账外机器作营业外收入	待处理财产损溢——固定资产盘盈		6 000	
		营业外收入——固定资产盘盈			6 000

第二部分 参考答案

(续表)

顺序号	摘要	账户名称	过账	借方金额	贷方金额
3	甲材料盘缺作管理费用	管理费用——材料损耗		210	
		待处理财产损溢——流动资产盘缺			210
4	乙材料盘缺由保管人员赔偿	其他应收款——×××		160	
		待处理财产损溢——流动资产盘缺			160
5	丙材料盘盈冲管理费用	待处理财产损溢——流动资产盘盈		150	
		管理费用——材料盘盈			150
6	无法收回应收款作坏账损失	坏账准备		250	
		其他应收款——×××			250

3. 列示"待处理财产损溢"账户内容：

借方	**待处理财产损溢**		贷方
①盘缺水泵一部	3 800	②账外机器一台	6 000
③甲材料盘缺5千克	210	⑤丙材料盘盈5千克	150
④乙材料盘缺5千克	160	①盘缺水泵转作非常损失	3 800
②账外机器转营业外收入	6 000	③甲材料盘缺作管理费用	210
⑤丙材料盘盈冲减管理费用	150	④乙材料盘缺由保管员赔偿	160
本期发生额	10 320	本期发生额	10 320

习题三题解

单位：元

顺序号	摘要	账户名称	过账	借方金额	贷方金额
1	盘缺电子计算机一台	待处理财产损溢——固定资产盘缺		95 000	
		累计折旧		95 000	
		固定资产——电子计算机			190 000

(续表)

顺序号	摘要	账户名称	过账	借方金额	贷方金额
2	盘缺女服装2件	待处理财产损溢——流动资产盘缺		900	
		库存商品——服装			900
3	盘溢小型电视机1只	库存商品——电视机		2 100	
		待处理财产损溢——流动资产盘溢			2 100
4	短缺现金	待处理财产损溢——流动资产盘缺		36.80	
		库存现金			36.80
5	A公司应收款无法收回	坏账准备		540	
		应收账款——×××			540
6-1	电子计算机转作营业外支出	营业外支出——固定资产盘缺		95 000	
		待处理财产损溢——固定资产盘缺			95 000
6-2	短缺服装由过失人赔偿	其他应收款——×××		900	
		待处理财产损溢——流动资产盘缺			900
6-3	溢余小型电视机退回供货单位	待处理财产损溢——流动资产盘盈		2 100	
		库存商品——电视机			2 100
6-4	缺少现金由过失人赔偿	其他应收款——×××		36.80	
		待处理财产损溢——流动资产盘缺			36.80

十、财务会计报告

填 空 题

1. 数字真实　内容完整　说明清楚　报送及时
2. 资产负债表　利润表
3. 直接法　间接法
4. 营业利润　营业外收入
5. 税金及附加　期间费用　投资收益
6. 现金和现金等价物　流入和流出
7. 流动资产　非流动资产
8. 所属企业财务会计报告　汇编单位本身财务会计报告

单项选择题

1. D　2. C　3. B　4. A　5. A　6. C　7. A　8. B

多项选择题

1. ABD　2. ACD　3. ABE　4. BCEF　5. ACEF　6. BDF　7. BDE　8. ABE

判断并改错题

1. 对

2. 错(资产负债表中"货币资金"项目应根据"银行存款""库存现金"和"其他货币资金"账户的期末余额合计数填列。)

3. 错(资产负债表中"存货"项目应根据"在途物资""原材料""材料成本差异""低值易耗品""自制半成品""库存商品""包装物""发出商品""委托加工物资""生产成本"等账户的期末余额合计数,减去"存货跌价准备"账户期末余额后的金额填列。)

4. 错(利润表能够反映企业的盈利能力。)

5. 错（资产负债表是反映企业在某一特定日期财务状况的会计报表。）

6. 对

7. 错（资产负债表是根据"资产＝负债＋所有者权益"这一会计等式编制的。）

8. 对

名词解释

1. 财务会计报告是指企业对外提供的反映企业某一特定日期的财务状况和某一会计期间经营成果、现金流量等会计信息的文件。

2. 资产负债表是反映企业在某一特定日期财务状况的会计报表。

3. 利润表是反映企业在一定期间经营成果的会计报表。

4. 现金等价物是指企业持有的期限短、流动性强、易于转换为已知金额现金、价值变动风险很小的投资。

5. 现金流量表是反映企业在一定会计期间的现金和现金等价物流入和流出的会计报表。

6. 流动资产是指可在 1 年或 1 年以上的一个营业周期内转化为货币或被销售、耗用的资产。它包括现金、银行存款、1 年以内可收回的短期投资、存货、应收账款等。

7. 营运资金是指流动资产减去流动负债的差额。

8. 未分配利润是指企业期末尚未分配的利润。它包括本年未分配的利润和历年利润分配的余额。

简答题

1. 财务会计报告是指企业向财务会计报告使用者提供与企业财务状况、经营成果和现金流量等有关会计信息，反映企业管理层受托责任履行情况的书面报告。

2. 中期财务会计报告是指短于一个完整的会计年度报告期间的

报告,包括半年度和季度。

3. 编制财务报表的要求主要是数字必须真实、正确;内容必须完整;说明必须清楚;报送必须及时。

4. 资产负债表是反映企业在某一特定日期财务状况的会计报表,其内容包括全部资产、负债和所有者权益数额及其结构。

5. 利润表是反映企业在一定期间经营成果的会计报表,其内容包括所有的收入、费用和利润。

6. 现金流量表是以现金为基础编制的反映企业在一定会计期间的现金及现金等价物的流入和流出的会计报表。

论述题(解答提示)

1. 财务状况分析是根据财务会计报告的有关数据资料,对企业的经济活动过程和结果进行的分析。通过财务状况分析,可以动态地使用财务会计报告,满足企业内部和外部投资者的特定要求,包括为企业管理者、外部投资者和社会所提供的各种财务信息。

财务状况分析的主要内容是围绕企业的资本结构、资金运用、获利能力、偿债能力和发展能力几个方面。

2. 为了保证财务会计报告的数字真实、内容完整、说明清楚、手续完备,企业在报送财务会计报告之前必须按照《会计法》和国家统一会计制度的规定,经会计主管人员和企业负责人认真进行审核后报送。其审核的主要内容包括:

(1) 财务会计报告的种类、份数、报表项目是否按规定填列齐全,报表有关人员是否签章。

(2) 报表的金额是否合计相符,项目之间的钩稽关系是否衔接,项目的填列有否错格、漏格。

(3) 主要计划指标的完成情况及重大变异项目的发生原因是否在财务会计报告中作简要说明。

(4) 其他错报、手续不全、违反财经法规和纪律、虚造、伪假等情况。

业务计算题
习题一题解

1.

资产负债表(简表)

编制单位：某企业　　　　　　201×年6月30日　　　　　　单位：元

资　　产	期末余额	负债和所有者权益	期末余额
流动资产：		流动负债：	
货币资金	77 050	短期借款	41 000
应收账款	7 000	应付账款	4 050
其他应收款	750	其他应付款	8 700
存货	443 700	应付职工薪酬	11 100
流动资产合计	528 500	应交税费	39 670
非流动资产：		流动负债合计	104 520
固定资产	398 000	所有者权益：	
非流动资产合计	398 000	实收资本	721 000
		盈余公积	38 000
		未分配利润	62 980
		所有者权益合计	821 980
资产总计	926 500	负债和所有者权益总计	926 500

2.

利　润　表(简表)

编制单位：某企业　　　　　　201×年6月　　　　　　　　　单位：元

项　　　　　　目	行次	本月金额	上月金额
一、营业收入		1 179 900	（略）
减：营业成本		975 780	
税金及附加		64 320	
销售费用		14 600	
管理费用		20 800	
财务费用		6 200	
加：投资收益			

(续表)

项　　　　目	行次	本月金额	上月金额
二、营业利润		98 200	（略）
加：营业外收入		800	
减：营业外支出		5 000	
三、利润总额		94 000	
减：所得税费用		23 500	
四、净利润		70 500	

习 题 二 题 解

1.

资 产 负 债 表（简表）

编制单位：某批零兼营企业　　　201×年12月31日　　　单位：元

资　　产	金　额	负债和所有者权益	金　额
流动资产：		流动负债：	
货币资金	253 400	短期借款	720 000
交易性金融资产	125 000	应付账款	171 300
应收票据	42 000	其他应付款	129 400
应收账款	360 000	应付职工薪酬	55 620
其他应收款	9 640	应交税费	121 710
存货	2 082 860	流动负债合计	1 198 120
流动资产合计	2 872 900	非流动负债：	
非流动资产：		长期借款	108 000
长期股权投资	225 000	非流动负债合计	108 000
长期待摊费用	8 400	负债合计	1 306 120
固定资产	644 000	所有者权益：	
非流动资产合计	877 400	实收资本	2 160 000

(续表)

资　产	金　额	负债和所有者权益	金　额
		资本公积	27 660
		盈余公积	247 200
		未分配利润	9 320
		所有者权益合计	2 444 180
资产总计	3 750 300	负债和所有者权益总计	3 750 300

注：本表为简化格式，无数字的项目未列入。

2. 利　润　表(简表)

编制单位：某批零兼营企业　　201×年　　　　　　　　单位：元

项　　　　目	行次	本年金额	上年金额
一、营业收入		20 012 000	(略)
减：营业成本		17 756 000	
税金及附加		204 600	
销售费用		386 200	
管理费用		224 000	
财务费用		83 400	
加：投资收益		30 000	
二、营业利润		1 387 800	
加：营业外收入		46 400	
减：营业外支出		42 200	
三、利润总额		1 392 000	
减：所得税费用		348 000	
四、净利润		104 400	

注：本表为简化格式，无数字的项目未列入。

第二部分 参 考 答 案

习题三题解

现 金 流 量 表(简表)

编制单位：A公司　　　　201×年度　　　　　　　单位：元

项　　　　　目	行次	本期金额	上期金额
一、经营活动产生的现金流量			
销售商品、提供劳务收到的现金	1	2 408 000	(略)
收到的税费返还	3	70 000	
收到其他与经营活动有关的现金	8	30 000	
经营活动现金流入小计	9	2 508 000	
购买商品、接受劳务支付的现金	10	1 233 400	
支付给职工以及为职工支付的现金	12	60 000	
支付的各种税费	13	508 000	
支付其他与经营活动有关的现金	18	160 000	
经营活动现金流出小计	20	1 961 400	
经营活动产生的现金流量净额	21	546 600	
二、投资活动产生的现金流量			
收回投资收到的现金	22	200 000	
取得投资收益收到的现金	23	60 000	
处置固定资产、无形资产和其他长期资产收回的现金净额	25	290 000	
收到其他与投资活动有关的现金	28		
投资活动现金流入小计	29	550 000	
购建固定资产、无形资产和其他长期资产支付的现金	30	220 000	
投资支付的现金	31		
支付其他与投资活动有关的现金	35		
投资活动现金流出小计	36	220 000	
投资活动产生的现金流量净额	37	330 000	

(续表)

项　　　　　目	行次	本期金额	上期金额
三、筹资活动产生的现金流量			
吸收投资收到的现金	38		（略）
借款收到的现金	40	200 000	
收到其他与筹资活动有关的现金	43		
筹资活动现金流入小计	44	200 000	
偿还债务支付的现金	45		
分配股利、利润或偿付利息支付的现金	46	100 000	
支付其他与筹资活动有关的现金	52	16 000	
筹资活动现金流出小计	53	116 000	
筹资活动产生的现金流量净额	54	84 000	
四、汇率变动对现金的影响	55		
五、现金及现金等价物净增加额	56	1 000 600	
补　充　资　料		（略）	

计算说明：

行次

1　2 260 000＋(468 000－300 000)＋(200 000－160 000)－60 000＝2 408 000

3　70 000

8　30 000

9　2 488 000＋70 000＋30 000＝2 588 000

10　1 130 000＋103 400＝1 233 400

12　60 000

13　268 000＋240 000＝508 000

18　160 000

20　1 273 400＋60 000＋508 000＋160 000＝2 001 400

21　2 588 000－2 001 400＝586 600

22	200 000
23	60 000
25	300 000－10 000＝290 000
29	200 000＋60 000＋290 000＝550 000
30	220 000
35	220 000
37	550 000－220 000＝330 000
40	200 000
44	200 000
46	100 000
52	16 000
53	100 000＋16 000＝116 000
54	200 000－116 000＝84 000
56	586 600＋330 000＋84 000＝1 000 600

习题四题解

1. 流动比率 $=\dfrac{288}{120}=2.4$

2. 速动比率 $=\dfrac{150}{120}=1.25$

3. 资产负债率 $=\dfrac{175}{375}=0.47$

4. 流动资产周转率 $=\dfrac{1\,960}{288}=6.8$(次)

5. 资本收益率 $=\dfrac{90}{200}=0.45$

6. 销售利润率 $=\dfrac{90}{1\,960}=0.046$

十一、会 计 管 理

填 空 题

1. 加工　传递　贮存　检索　输出
2. 全面性　及时性　准确性　群众性
3. 对比分析法　因素分析法　动态分析法　预测分析法
4. 凭证审查　账簿审查　报表审查
5. 差量分析法　决策树法　决策表法
6. 资金决策　成本决策　利润决策
7. 查错防弊　保护财产　强化监督
8. 全面分析　专题分析　典型分析

单项选择题

1. C　2. B　3. B　4. A　5. B　6. C　7. B　8. A

多项选择题

1. ABE　2. ABF　3. ACE　4. BCD　5. CDE　6. ABCD　7. ABD　8. ABC

判断并改错题

1. 错（会计预测是会计决策的基础和前提条件。）

2. 错（会计预测按预测的方式分，可以分为定性预测和定量预测。）

3. 错（会计控制具有全面性、及时性、准确性和群众性的特点。）

4. 错（会计分析的方法主要有对比分析法、因素分析法、结构分析法、动态分析法、平衡分析法、预测分析法、相关分析法和线性规划法等。）

5. 对

6. 错（会计检查的作用在于查错防弊，保护财产和强化监督。）

7. 错（会计决策的方法有差量分析法、决策表法和决策树法。）

8. 对

名 词 解 释

1. 会计决策是会计人员为达到会计目标，对不同的会计方法和程序的合理抉择，或是为了帮助管理人员进行决策而运用特有的会计方法，或借助于其他方法来分析比较不同方案协助选择最优方案的过程。

2. 会计检查是指会计人员对会计资料的合法性、合理性、真实性和准确性进行的审查和稽核。

3. 会计信息是指通过科学预测或实际记录，反映会计主体过去、现在、将来有关资金运动状况的各种可为人们接受和理解的消息、数据、资料等的总称。

4. 会计预测是指根据会计信息及其他相关信息，运用一定的会计技术方法，并借助其他技术方法，对企业资金的总体运动及其局部运动的发展趋势和可能性所进行的推测和估计。

5. 会计分析是利用会计资料，采用专门方法从相互联系的各项经济指标中进行对比、分析，查明企业经济活动和财务收支的执行情况和结果，进行评价，肯定成绩，找出差距，总结经验，提出改进措施，借以改善企业经营管理，提高经济效益的工作。

6. 会计控制是通过会计工作，采取政策、制度、定额、计划、标准、责任和流程等控制方式和手段，对企业经济活动或资金运动进行协调、监督、调整的过程。

7. 会计信息处理是对会计信息进行加工、传递、贮存、检索、输出的过程。

8. 成本预测是指运用一定的预测技术，综合考虑各种因素来推断和估计某一成本对象未来的成本目标和水平的工作。

简 答 题

1. 会计信息是指通过科学预测或实际记录，反映会计主体的过去、现在和将来资金运动状况的各种可为人们接受和理解的消息、数据、资料等的总称。

收集的会计信息要进行处理。处理的过程包括加工、传递、贮存、检索和输出等环节。经过处理的会计信息才能供信息使用者使用。

2. 会计预测是指根据会计信息及其他相关信息,运用一定的会计技术方法并借助于其他技术方法,对企业的总体运动及局部运动的发展趋势和可能性所进行的推测和估计,其主要特点有:① 它是个信息处理和反馈的过程;② 它是价值管理的一种形式;③ 它的目的是提高企业经济效益。

3. 会计决策是指会计人员为达到会计工作目标,对不同的会计方法和程序的合理抉择;也是会计人员运用会计方法帮助管理人员分析比较不同方案协助进行的决策。其采用的方法有差量分析法、决策表法和决策树法。

4. 会计控制是指通过会计工作,运用会计方法,采取控制方式和手段,对企业的经济活动或资金运动进行协调、监督和调整。会计控制具有全面性、及时性、准确性和群众性的特点。

5. 对企业资金的预测应从四个方面进行:一是预测资金需要量及来源;二是预测资金运动的状况;三是预测现金及现金等价物的流量;四是预测投资效果。

6. 在会计工作中,应用电子计算机和现代信息技术是实行会计电算化,提高会计工作质量和效率的重要途径。实行会计电算化,其优越性表现在三个方面:一是提高会计工作的计算速度和工作效率,使会计人员从繁重的记账、算账、报账工作中摆脱出来,用更多时间从事管理;二是提高会计工作质量,减少人为差错,能及时、正确地提供会计信息;三是提高管理水平。电子计算机能解决人工所不能解决的复杂的计算问题和决策问题,通过网络能更加准确及时广泛地提供财务信息,从而提高管理水平。

论述题(解答提示)

1. 会计分析是企业经济活动分析的组成部分,是会计核算的继续和发展。一般而言,会计核算只能回答"是什么"而不能回答"为什么"的问题。即会计核算只是记账、算账和报账,而会计分析则是用账。因此在会计核算的基础上,进一步利用会计资料进行分析,对于更好地发挥会计的作用,提高企业经营管理水平,具有重要意义。其重要性之一,是通过会计分析,可以督促企业遵纪守法。因为企业的一切经营活动都必须遵守国家政策、法规和制度。进行会计分析,必然要对企业经营活动的合理性、合法性和效益性做出正确评价,这样就能对企业的遵纪守法起到一定的监督作用。重要性之二,是通过会计分析,促进企业提高经济效益,因为通过会计分析,可以查明企业资金的使用状况,成本、费用和盈利水平的高低及原因,从而肯定成绩,找出差距,提出措施,促使企业改善经营管理,提高经济效益。

2. 会计检查是对企业经济活动和财务收支所进行的一种事后监督,是会计核算和会计分析的必要补充。加强会计检查对于完成会计任务,发挥会计作用具有重要意义。首先,会计检查,可以查错防弊,可以查出会计核算工作中各种弊端,包括过失或故意所造成的弊端,达到防患于未然。其次,会计检查,可以保护财产,可以使企业财产不受损失,包括因过失及贪污盗窃造成的财产损失,追回实物,严肃处理。最后,会计检查,可以强化监督,发挥会计监督职能,提高会计工作水平。

十二、模拟试题

模拟试题(一)

判断题

1. 错 2. 对 3. 错 4. 错 5. 错

填空题

1. 资产 负债 所有者权益 收入 费用 利润
2. 核算 监督
3. 序时账 分类账 备查簿
4. 登记总账
5. 某一特定

选择题

1. D 2. C 3. D 4. B 5. D

名词解释

1. 实地盘存制是指平时只登记财产、物资的增加数,不登记减少数,月末或一定时期,根据期末盘点资料,弄清各种实物的实存数,然后"以存计耗"倒轧出本期减少数的一种物资盘存制度。

2. 权责发生制即应收应付制。凡已经实现的收入和已经发生或应当本期负担的费用,不论款项是否收付,都应作为当期收入和费用处理。

简答题

1. 借贷记账法的基本内容是:

(1) 用"借"和"贷"作为记账符号。

(2) 以"有借必有贷,借贷必相等"作为记账规则。

(3) 以借贷平衡的记账规则进行试算平衡。

(4) 可设置和运用双重性质的账户。

2. 支出——企业日常发生的全部支出,不论与产品的生产经营是否有关,都作为支出。

生产成本——与企业产品生产有关并应从产品销售中得到补偿的费用。它是以产品为对象进行归集的资金耗费。

生产费用——是指与生产有关的费用,但不等于生产成本,生产费用是按一定会计期间汇集的资金耗费。

核 算 题

1. 编制银行存款余额调节表如下:

银行存款余额调节表

201×年5月31日　　　　　　　　　　　　　　　单位:元

项　　目	金　额	项　　目	金　额
企业银行存款日记账余额	324 000	银行对账单余额	316 000
加:银行已收,企业未收	32 000	加:企业已收,银行未收	12 800
减:银行已付,企业未付	98 000	减:企业已付,银行未付	70 800
调节后余额	258 000	调节后余额	258 000

2. 应采用红字更正法进行更正。更正方法是:先填制一张红字更正记账凭证,作如下会计分录:

　　借:管理费用　　　　　　　　　　　　　　　2 000
　　　　贷:库存现金　　　　　　　　　　　　　　　2 000

然后用蓝字重新填制一张正确凭证,其如下会计分录:

　　借:其他应收款——王某　　　　　　　　　2 000
　　　　贷:库存现金　　　　　　　　　　　　　　　2 000

并据以登记入账。

3. 7月31日固定资产净值＝437 000－64 000＝373 000(元)

7月31日库存商品进价金额＝1 200 000－180 000

＝1 020 000(元)

综 合 题

(1) 会计分录：

① 借：在途物资——×材料　　　　　　　　　　　　10 000
　　　应交税费——应交增值税　　　　　　　　　　1 300
　　　　贷：银行存款　　　　　　　　　　　　　　　　11 300

② 借：生产成本　　　　　　　　　　　　　　　　　28 000
　　　　贷：原材料——×材料　　　　　　　　　　　　28 000

③ 借：银行存款　　　　　　　　　　　　　　　　　20 000
　　　　贷：应收账款——×××　　　　　　　　　　　20 000

④ 借：银行存款　　　　　　　　　　　　　　　　　31 640
　　　　贷：主营业务收入　　　　　　　　　　　　　　28 000
　　　　　　应交税费——应交增值税　　　　　　　　　3 640

⑤ 借：应付账款——×××　　　　　　　　　　　　30 000
　　　　贷：银行存款　　　　　　　　　　　　　　　　30 000

⑥ 借：库存现金　　　　　　　　　　　　　　　　　1 000
　　　　贷：银行存款　　　　　　　　　　　　　　　　1 000

⑦ 借：管理费用——办公费　　　　　　　　　　　　620
　　　　贷：库存现金　　　　　　　　　　　　　　　　620

⑧ 借：管理费用——办公费　　　　　　　　　　　　1 000
　　　　贷：银行存款　　　　　　　　　　　　　　　　1 000

⑨ 借：库存现金　　　　　　　　　　　　　　　　　10 000
　　　　贷：银行存款　　　　　　　　　　　　　　　　10 000

⑩ 借：应付职工薪酬——工资　　　　　　　　　　　10 000
　　　　贷：库存现金　　　　　　　　　　　　　　　　10 000

⑪ 借：应收账款——×××　　　　　　　　　　　　38 646
　　　　贷：主营业务收入　　　　　　　　　　　　　　34 200
　　　　　　应交税费——应交增值税　　　　　　　　　4 446

· 242 ·

⑫ 借:管理费用——水电费 400
　　　制造费用——水电费 2 000
　　　贷:银行存款 2 400

⑬ 借:销售费用——包装费 1 000
　　　贷:库存现金 1 000

⑭-1 借:生产成本——工资 8 000
　　　管理费用——工资 2 000
　　　贷:应付职工薪酬——工资 10 000

⑭-2 借:生产成本——福利费 1 120
　　　管理费用——福利费 280
　　　贷:应付职工薪酬——福利费 1 400

⑮ 借:制造费用——折旧费 6 600
　　　管理费用——折旧费 1 600
　　　贷:累计折旧 8 200

⑯ 借:财务费用——利息支出 348
　　　贷:银行存款 348

⑰ 借:管理费用——租赁费 4 100
　　　贷:银行存款 4 100

⑱ 借:生产成本 8 600
　　　贷:制造费用 8 600

⑲ 借:库存商品 45 720
　　　贷:生产成本 45 720

⑳ 借:主营业务成本 45 000
　　　贷:库存商品 45 000

㉑ 借:税金及附加——消费税 3 110
　　　贷:应交税费——应交消费税 3 110

㉒-1 借:主营业务收入 62 200
　　　贷:本年利润 62 200

㉒-2 借：本年利润　　　　　　　　　　　　　　　59 458
　　　　贷：主营业务成本　　　　　　　　　　　　　45 000
　　　　　　税金及附加　　　　　　　　　　　　　 3 110
　　　　　　销售费用　　　　　　　　　　　　　　 1 000
　　　　　　管理费用　　　　　　　　　　　　　　10 000
　　　　　　财务费用　　　　　　　　　　　　　　　 348

㉓-1 借：所得税费用（2 742×25%）　　　　　　　 685.50
　　　　贷：应交税费——应交所得税　　　　　　　 685.50

㉓-2 借：本年利润　　　　　　　　　　　　　　　 685.50
　　　　贷：所得税费用　　　　　　　　　　　　　 685.50

㉔ 借：本年利润　　　　　　　　　　　　　　　　2 056.50
　　　贷：利润分配　　　　　　　　　　　　　　　2 056.50

㉕ 借：利润分配　　　　　　　　　　　　　　　　 616.95
　　　贷：应付股利——×××[（2 742－685.50）×20%]　411.30
　　　　　盈余公积——提取法定盈余公积[（2 742－685.50）×10%]
　　　　　　　　　　　　　　　　　　　　　　　　　205.65

（2）1月份利润总额＝62 200－45 000－1 000－3 110－10 000－348
　　　　　　　　　＝2 742（元）

（3）填制资产负债表及利润表如下：

资 产 负 债 表(简表)　　　　　　　　会企01表

201×年1月31日　　　　　　　　　　　　　单位：元

资　　产	期末余额	上年年末余额	负债和所有者权益	期末余额	上年年末余额
流动资产：			流动负债：		
货币资金	11 200	2 072	短期借款	42 200	42 200
应收账款	86 000	104 646	应付账款	30 000	—
存货	97 000	79 720	应付职工薪酬		1 400
流动资产合计	194 200	186 438	应交税费		10 581.50

(续表)

资产	期末余额	上年年末余额	负债和所有者权益	期末余额	上年年末余额
非流动资产:			其他应付款		411.30
固定资产	78 000	369 800	流动负债合计	72 200	54 592.80
非流动资产合计	78 000	369 800	所有者权益:		
			实收资本	500 000	500 000
			盈余公积		205.65
			未分配利润		1 439.55
			所有者权益合计	500 000	501 645.20
资产总计	572 200	556 238	负债和所有者权益总计	572 200	556 238

利 润 表(简表)

201×年1月

会企02表

单位:元

项　　目	本期金额	上期金额
一、营业收入	62 200	(略)
减:营业成本	45 000	
税金及附加	3 110	
销售费用	1 000	
管理费用	10 000	
财务费用	348	
二、营业利润	2 742	
加:营业外收入	—	
减:营业外支出	—	
三、利润总额	2 742	
减:所得税费用	685.50	
四、净利润	2 056.50	

计 算 题

① 百货组差价率 = 2 340 ÷ 15 600 × 100% = 15%

② 百货组月末调整前"商品进销差价"账户余额 = 15% × (15 600 + 8 400)
　　　　　　　　　　　　　　　　　　　　　　= 3 600(元)

③ 纺织组已销商品进销差价 = 23 400 × 13% = 3 042(元)

④ 纺织组月末库存商品余额 = 4 680 ÷ 13% − 23 400 = 12 600(元)

⑤ 服装组本月销售额 = 7 920 ÷ 11% − 31 000 = 41 000(元)

⑥ 服装组已销商品进销差价 = 41 000 × 11% = 4 510(元)

模拟试题(二)

判断题

1. 错 2. 错 3. 错 4. 对 5. 错

填空题

1. 自制 外来
2. 付款
3. 一定期间的经营成果
4. 划线更正法 红字更正法 补充登记法
5. 交易或者事项 拥有或者控制

选择题

1. B 2. C 3. D 4. A 5. B

名词解释

1. 会计基本等式即资产＝负债＋所有者权益。

2. 复式记账是指对每一项经济业务所引起的资金变动,都要用相等的金额同时在两个或两个以上的相互联系的账户中进行登记的记账方法。

简答题

1. 账户的用途是指通过账户的记录,能够提供什么核算资料。账户的结构是指在账户中如何提供核算资料,借方登记什么,贷方登记什么,其余额反映什么内容。

账户按用途和结构分类,可以分为三大类、九小类。

三大类是:基本账户、调整账户、业务账户。

九小类是:盘存账户、结算账户、跨期摊配账户、资本账户、调整账户、集合分配账户、成本计算账户、集合配比账户、财务成果计算账户。

2. 会计核算程序是指账簿的组织形式和记账的步骤,是对会计数据的记录、归类、汇总、陈报的步骤和方法,即从原始凭证的整理、汇总,记账凭证的填制、汇总,日记账、明细分类账、总分类账的登记到会计报表的编制的步骤和方法等程序。

一般会计核算程序有:记账凭证核算程序、汇总记账凭证核算程序、科目汇总表核算程序、多栏式日记账核算程序和日记总账核算程序等。

核 算 题

(1) 会计分录:

① 借:银行存款　　　　　　　　　　　　　200 000
　　贷:实收资本——×××　　　　　　　　　　　200 000

② 借:固定资产——机器　　　　　　　　　100 000
　　贷:银行存款　　　　　　　　　　　　　　　100 000

③ 借:库存商品——乙材料　　　　　　　　50 000
　　贷:银行存款　　　　　　　　　　　　　　　50 000

④ 借:管理费用——差旅费　　　　　　　　1 800
　　　库存现金　　　　　　　　　　　　　200
　　贷:其他应收款——×××　　　　　　　　　2 000

⑤ 借:管理费用——办公费　　　　　　　　300
　　贷:库存现金　　　　　　　　　　　　　　　300

⑥ 借:管理费用——修理费　　　　　　　　1 000
　　贷:银行存款　　　　　　　　　　　　　　　1 000

⑦ 借:应付职工薪酬——福利费　　　　　　2 000
　　贷:银行存款　　　　　　　　　　　　　　　2 000

(2) 该企业201×年8月31日资产负债表中的资产和负债及所有者权益的合计数,应分别为1 199 000元,其算式如下:

资产类各账户期初借方余额合计数为1 000 000元,本期借方发生额为353 300元,本期贷方发生额为154 300元,期末余额为1 199 000元。

负债和所有者权益各账户期初贷方余额合计为1 000 000元,本期贷方发生额为201 000元,借方发生额为2 000元,期末余额为1 199 000元。

1 000 000＋353 300－154 300＝1 000 000＋201 000－2 000

1 199 000＝1 199 000

因此,资产合计数等于负债和所有者权益合计数,均为1 199 000元。

综 合 题

(1) 丁字式账户:

借方	固定资产		贷方
期初余额 900 000			
本期发生额 —		本期发生额 —	
期末余额 900 000			

借方	累计折旧		贷方
		期初余额	100 000
		⑭制造费用	2 100
		管理费用	900
本期发生额 —		本期发生额	3 000
		期末余额	103 000

借方	材料采购		贷方
①银行存款 32 180		③原材料	35 000
②银行存款 2 820			
本期发生额 35 000		本期发生额	35 000

借方	原材料		贷方
期初余额 4 900			
		④生产成本	20 000
③材料采购 35 000		⑥制造费用	2 400
		⑦管理费用	1 200
本期发生额 35 000		本期发生额	23 600
期末余额 16 300			

借方	银行存款		贷方
期初余额 16 000			
⑨主营业务收入 44 000		①材料采购	32 180
⑨应交税费 5 720		①应交税费	4 183.40
		②材料采购	2 820
		⑪库存现金	10 000
本期发生额 49 720		本期发生额	49 183.40
期末余额 16 536.60			

借方	生产成本		贷方
期初余额 21 000			
④原材料 20 000		⑧库存商品	40 000
⑫应付职工薪酬 7 000			
⑬应付职工薪酬 980			
⑮制造费用 6 780			
本期发生额 34 760		本期发生额	40 000
期末余额 15 760			

249

借方	制造费用		贷方		借方	管理费用		贷方
⑥原材料	2 400	⑮生产成本	6 780		⑦原材料	1 200	⑰本年利润	3 240
⑫应付职工薪酬	2 000				⑫应付职工薪酬	1 000		
⑬应付职工薪酬	280				⑬应付职工薪酬	140		
⑭累计折旧	2 100				⑭累计折旧	900		
本期发生额	6 780	本期发生额	6 780		本期发生额	3 240	本期发生额	3 240

借方	库存现金		贷方		借方	库存商品		贷方
期初余额	100				期初余额	10 000		
⑪银行存款	10 000	⑤应付工资	10 000		⑧生产成本	40 000	⑩主营业务成本	34 000
本期发生额	10 000	本期发生额	10 000		本期发生额	40 000	本期发生额	34 000
期末余额	100				期末余额	16 000		

借方	主营业务收入		贷方		借方	主营业务成本		贷方
⑰本年利润	44 000	⑨银行存款	44 000		⑩产成品	34 000	⑰本年利润	34 000
本期发生额	44 000	本期发生额	44 000		本期发生额	34 000	本期发生额	34 000

借方	应付职工薪酬		贷方		借方	应交税费		贷方
⑤库存现金	10 000	⑫生产成本	7 000		①银行存款	4 183.40	⑨银行存款	5 720
		制造费用	2 000		本期发生额	4 183.40	本期发生额	5 720
		管理费用	1 000				期末余额	1 536.60
		⑬制造费用	280					
		管理费用	140					
		生产成本	980					
本期发生额	10 000	本期发生额	11 400					
		期末余额	1 400					

第二部分 参考答案

借方	本年利润		贷方
		期初余额	12 000
⑰主营业务成本 34 000			
⑰管理费用 3 240		⑰主营业务收入	44 000
本期发生额 37 240		本期发生额	44 000
		期末余额	18 760

借方	实收资本		贷方
		期初余额	840 000
本期发生额 —		本期发生额	—
		期末余额	840 000

注:数字下端画线的是试题原有的。

(2)

总分类账户本期发生额及余额对照表

单位:元

会计科目	期初余额		本期发生额		期末余额	
	借方	贷方	借方	贷方	借方	贷方
库存现金	100		10 000	10 000	100	
银行存款	16 000		49 720	49 183.40	16 536.60	
材料采购	—		35 000	35 000		
原材料	4 900		35 000	23 600	16 300	
生产成本	21 000		34 760	40 000	15 760	
库存商品	10 000		40 000	34 000	16 000	
制造费用	—		6 780	6 780	—	
管理费用	—		3 240	3 240	—	
主营业务成本	—		34 000	34 000		
固定资产	900 000		—	—	900 000	
累计折旧		100 000		3 000		103 000
应付职工薪酬		—	10 000	11 400		1 400

(续表)

会计科目	期初余额		本期发生额		期末余额	
	借方	贷方	借方	贷方	借方	贷方
应交税费		—	4 183.40	5 720		1 536.60
主营业务收入		—	44 000	44 000		—
本年利润		12 000	37 240	44 000		18 760
实收资本		840 000	—	—		840 000
合　计	952 000	952 000	343 923.40	343 923.40	964 696.60	964 696.60

计　算　题

① 2月份主营业务成本＝29 500－1 500－5 000＝23 000(元)

② 2月份期末在产品＝3月份期初在产品＝3 000(元)

③ 2月份期初在产品＝7 000－5 500＋26 000－3 000－23 000
　　　　　　　　＝1 500(元)

④ 3月份期末库存商品＝7 000＋24 000＋3 000－500－27 000
　　　　　　　　＝6 500(元)

⑤ 3月份主营业务收入＝27 000＋1 450－450＝28 000(元)

模拟试题(三)

单项选择题

1. C　2. D　3. B　4. C　5. A

多项选择题

1. AC　2. CD　3. AB　4. BD　5. AD

判断题

1. 错　2. 错　3. 对　4. 对　5. 错

填空题

1. 通知凭证　执行凭证　计算凭证
2. 资产　负债　所有者权益　收入　费用　利润
3. 资产　负债　所有者权益
4. 具体内容　分类核算
5. 会计科目　记账符号　变动金额

名词解释

1. 会计凭证是记录经济业务,明确经济责任,作为记账依据的书面证明。

2. 账簿是以会计凭证为依据,对全部经济业务进行全面、系统、连续、分类地记录和核算的簿籍,有专门格式,并以一定形式联结在一起的账页所组成。

简答题

1. 对账是对账簿所记录的有关数据加以检查和核对,简言之,即核对账目。对账的作用在于保证各种账簿记录的完整和正确,为编制会计报表提供真实、可靠的数据资料,保证账表相符,提高核算工作质量。

2. 财产清查是通过对实物、现金的实地盘点和对银行存款、往来款项的核对,以查明各项财产物资、货币资金、往来款项的实有数和账面数是否相符的一种会计核算专门方法。

核 算 题

1.

(1) 货币资金＝120 000＋20 000＝140 000(元)

(2) 存货＝1 120 000＋56 000＋44 000＋30 000－168 000＝1 082 000(元)

(3) 固定资产净值＝860 000－260 000＝600 000(元)

(4) 周转材料＝56 000＋30 000＝86 000(元)

2.

银行存款余额调节表

单位：元

项　　目	金　　额	项　　目	金　　额
银行存款日记账余额	499 800	银行对账单余额	517 580
加：银行已收，企业未收	25 200	加：企业已收，银行未收	44 800
	980	减：企业已付，银行未付	36 400
调节后余额	525 980	调节后余额	525 980

3.

资 产 负 债 表（简表）

编制单位：某公司　　　　201×年12月31日　　　　　　单位：元

资　　产	期末余额	负债和所有者权益	期末余额
流动资产：		流动负债：	
货币资金	12 000	短期借款	170 000
交易性金额资产	70 000	应付账款	18 000
应收账款	110 000	应交税费	12 000
存货	408 000	流动负债合计	200 000
流动资产合计	600 000	非流动负债：	
非流动资产：		长期借款	150 000
固定资产	300 000	非流动负债合计	150 000
工程物资	100 000	负债合计	350 000
非流动资产合计	400 000	所有者权益：	
		实收资本	600 000

(续表)

资　　产	期末余额	负债和所有者权益	期末余额
		盈余公积	50 000
		所有者权益合计	650 000
资产总计	1 000 000	负债和所有者权益总计	1 000 000

说明：

(1) 资产总计＝负债和所有者权益总计＝1 000 000(元)。

(2) 非流动资产合计＝资产总计1 000 000元－流动资产合计600 000元＝400 000(元)。

(3) 固定资产＝非流动资产400 000元－工程物资100 000元＝300 000(元)。

(4) 交易性金融资产＝流动资产合计600 000元－货币资金12 000元－应收账款110 000元－存货408 000元＝70 000(元)。

(5) 短期借款＝流动负债合计200 000元－应付账款18 000元－应交税费12 000元＝170 000(元)。

(6) 所有者权益合计＝负债和所有者权益总计1 000 000元－负债合计350 000元＝650 000(元)。

(7) 盈余公积＝所有者权益合计650 000元－实收资本600 000元＝50 000(元)。

4.

(1) 会计分录：

① 借：管理费用——商品损耗　　　　　　　　　　250
　　贷：待处理财产损溢——流动资产盘缺　　　　　　250

② 借：财务费用——利息支出　　　　　　　　　16 500
　　贷：其他应付款——利息　　　　　　　　　　　16 500

③ 借：其他应收款——利息收入　　　　　　　　　600
　　贷：财务费用——利息收入　　　　　　　　　　　600

④ 借:管理费用——修理费 2 100
　　贷:长期待摊费用 2 100

⑤ 销售费用＝115 000(元)
　　管理费用＝107 500＋2 100＋250＝109 850(元)
　　财务费用＝5 400＋16 500－600＝21 300(元)

⑥-1 借:主营业务收入 4 351 500
　　　　其他业务收入 235 000
　　　　投资收益 45 000
　　　　营业外收入 6 000
　　　贷:本年利润 4 637 500

⑥-2 借:本年利润 3 676 750
　　　贷:主营业务成本 3 300 000
　　　　　其他业务成本 125 000
　　　　　销售费用 115 000
　　　　　管理费用 109 850
　　　　　财务费用 21 300
　　　　　营业外支出 5 600

⑦-1 借:所得税费用(960 750×25%) 240 187.50
　　　贷:应交税费——应交所得税 240 187.50

⑦-2 借:本年利润 240 187.50
　　　贷:所得税费用 240 187.50

⑧ 借:本年利润 720 562.50
　　贷:利润分配 720 562.50

⑨ 借:利润分配——提取法定盈余公积 72 056.25
　　贷:盈余公积——提取法定盈余公积 72 056.25

⑩ 借:利润分配——应付股利 216 168.75
　　贷:应付股利——××× 216 168.75

(2) 4月份利润表(简表):

利 润 表(简表)

编制单位:某公司　　　　　　201×年4月　　　　　　　　单位:元

项　　　　目	本期金额	上期金额
一、营业收入	4 586 500	(略)
减:营业成本	3 425 000	
税金及附加		
销售费用	115 000	
管理费用	109 850	
财务费用	21 300	
加:投资收益	45 000	
二、营业利润	960 350	
加:营业外收入	6 000	
减:营业外支出	5 600	
三、利润总额	960 750	
减:所得税费用	240 187.50	
四、净利润	720 562.50	

5.

(1)"销售商品提供劳务收到的现金"——400 000+(24 000-20 000)+(35 000-25 000)=414 000(元)。

(2)"购买商品接受劳务支付的现金"——140 000+30 000+20 000=190 000(元)。

(3)"支付给职工以及为职工支付的现金"——38 000+4 000=42 000(元)。

(4)"支付的各种税费"——1 650+3 300-950=4 000(元)。

(5)"购建固定资产、无形资产和其他长期资产支付的现金"——30 000+150 000=180 000(元)。

李海波工作室

李海波工作室由我国著名会计学专家李海波教授创办,多年来,李海波会计系列、财经系列教科书在图书市场声誉卓著,深受广大读者的欢迎和有关专家的好评。李海波工作室经政府有关部门批准,已经正式注册,工作室的图书及相关业务呈现了新的发展势头。

李海波工作室邀集会计、经济等各路专家、教授及出版人才,专门从事图书的选题策划和书稿的创作编写以及相关出版业务,兼做有关教育培训、财务咨询等业务。

李海波教授、研究员毕业于中央财经大学,中国注册会计师,享受国务院特殊津贴专家,长期从事会计、财经等专业的教学、研究和高校管理工作;先后兼任中国会计学会理事、中国审计学会理事、中国生产力学会常务理事等职;曾受聘担任教育部全国专科教育人才培养工作委员会副主任,并被收入《中国大学校长名典》和《中国教育名人录》。

多年来,李海波工作室策划了许多高质量的图书。李海波教授主编了《新编会计学原理》《公司会计》《企业会计》《新编成本会计》《新编小型企业会计》《新编审计学》《财务管理》《经济法》《财政与金融》《金融会计》《管理会计》《会计电算化》《统计学》《生产力词典》等90多部著作、教材和词典,论文60多篇。他主编的图书获得过许多荣誉和奖项,包括"全国优秀畅销书一等奖""全国优秀教材奖""优秀教材学术专著奖""双效书荣誉奖""建国精品图书奖"等。李海波会计系列、财经系列教科书经受了市场的检验,正在不断地完善和丰富。许多书不断重版、重印,其中《新编会计学原理》再版几十次,重印90多次,发行全国各地,单本发行量500多万册。

以李海波名字命名的李海波工作室,在会计、财经等专业图书的策划、编辑、出版等方面积累了丰富的经验,有独特的优势,与出版社有着长期的、良好的合作关系。

立信会计出版社